流れがわかる！

イチから学ぶ 初級簿記

第2版

西海 学・西舘 司【著】
Nishiumi Satoll　Nishidate Tsukasa

BOOKKEEPING ILLUSTRATED

中央経済社

はじめに

本書は，タイトルのとおり，初めて簿記を学ぶ学生を対象に書かれています。簿記は会計学の基礎，入門とよくとらえられています。もちろんその側面がありますが，経営学，商学全般の基礎，入門という側面もあります。そこで，本書は会計学の基礎ということ以上に，経営学や商学の基礎ということを心掛けて書かれており，次のような特徴があります。

- 簿記の理論がわかっていても，実際の経営の現場において簿記の手続きができなかったり，簿記や会計のデータを読み取ることができなかったりしては仕方がないので，まずは実際に簿記の技術，手続きが身につくように説明しています。簿記の技術を身につけた後に，簿記の構造，原理などが理解できるようになっています。
- 簿記や会計には特徴的な専門用語が多くありますが，可能な限り，最初は一般的な言葉や表現に言い換えて平易に説明しています。
- 早い段階で，日々の取引の簿記処理から決算での簿記手続きといった，簿記の手続きの一巡を学習します。また，新たな取引内容を学ぶごとに，日々の簿記手続きと決算手続きといった簿記の一巡を習得できるように書かれています。そのため，経営のサイクルと簿記との関係を常に意識しながら学習することができるようになっています。

「簿記」は簡単に言うと商店や企業の経営活動をノートなどに数字を使って記録し，データ化していくことです。「経営学部など文系学部に入学したのに，数字が出てくる簿記はイヤだな…」と感じる学生も多いでしょう。しかし，「簿記」を行わないと，どれだけ売上の実績があったか，いま現金をいくら持っているか，借金をいくら抱えているか，今年度はいくら儲かったか，などなどといったことがよくわからない状態に陥ってしまいます。それでは，経営活動の評価や将来の経営計画を立てることができず，適切な経営，商売などできないことになります。そのため，簿記は経営や商売には欠かせないものですので，最初に述べたように経営学や商学の重要な基礎ということになります。

また，「簿記」は特徴の１つ目で述べたように，その学習において技術の習得と構造や理論の理解という２つの側面があります。この点は，英語などの外国語科目と似ています。文法や文型といった英語の構造や理論だけ習得しても，英語を活用する技術がなければ外国人とコミュニケーションがうまく取れないのと同じことが簿記も言えますので，技術の習得を疎かにしないでください。

将来，みなさんがより高度な経営学などを学ぶとき，あるいは，仕事に就き，経営活動に携わるときに，本書での学習が貢献できれば幸いです。

2020年２月

西海　学

西舘　司

目　次

第10章　さまざまな資産と負債

第11章　決算と財務諸表

第12章　補助簿

第13章　伝票会計

第1章 簿記の基礎

1 簿記（ぼき）とはなにか

簿記は帳簿記入の略だといわれる。帳簿とはお金やモノなど，仕事上，必要なことがらを記録するためのノートのことをいう。つまり，簿記は，企業やお店の経済活動の内容をノートに記入することということになる。

また，日々の経済活動をノートに記録していくだけでは，企業やお店にいまお金やモノがどれだけあるか，あるいは，どのくらい儲かっているかについて把握するのに手間がかかる。そこで，記録内容を整理したり，集計したりする必要がある。整理，集計により企業やお店の全体像をつかむことができるようになる。

なお，簿記にはいくつかのルールがある。もし，自分だけのノート，帳簿であれば，自分さえわかればいいので，自由に経営活動の内容を記入しても問題は起こらないだろう。しかし，企業やお店の場合は，ノートへの記入を担当する経理係の人だけではなく，その直属の上司や社長等の経営者も見るため，みんながわかるように記入する必要がある。そこで，共通の理解が得られるように，いくつかのルールが設けられているのである。これらのルールに沿った記入方法を本書では学んでいく。

まとめると，簿記ではおおよそ次のようなことを行う。

① 日々，企業やお店の経営活動の内容を，ルールに従って簡潔に記録し，整理する。
② その記録をもとに，今，財産をどれだけ持っているか，1期間（1年，半年等）にいくら儲けたか（または損したか）を，ルールに沿って計算する。

2 簿記の一巡

簿記の手続きには一連の流れがある。この流れを簿記の一巡という。企業やお店は，日常において生じた取引について，上記**1**の①のような簿記の処理を日々行う。その後，1年などの一定の期間（この期間を**会計期間**という）が終わったら，②の簿記処理を行う。

なお，会計期間の第1日目を**期首**（きしゅ），最終日を**決算日**（けっさんび）または**期末**（きまつ）という。また，会計期間中を**期中**（きちゅう）という。

(1) 期中における簿記の処理の流れ

企業やお店（これらを経済主体という）の経済活動（このことを簿記では，**取引**という）の内容を，「現金」や「売上」といったようなわかりやすい名称（これを**勘定科目**（かんじょうかもく）という）を付けて，左右に同じ金額になるように計算，記録する。この手続きを**仕訳**(しわけ)という。

次に，名称（勘定科目）ごとにデータフォルダ（これを**勘定**(かんじょう)という）を作り，仕訳されたデータをそこに整理，集計する。この手続きを，**勘定記入**，または，**（勘定）転記**(てんき)という。

さらに，１週間とか１カ月とかキリのいい機会に，これまで集計したすべてのデータフォルダを１つの表（これを**試算表**(しさんひょう)という）にまとめ，企業やお店の現状を把握する。

(2) 決算日における簿記処理の流れ

１会計期間の経営活動が完了したら，これまで集計したすべてのデータフォルダから試算表を作成し，さらにいくつかの調整を加え（これを**決算整理手続**という）たうえで，企業が今どういう状況にあるかを示す勘定たちを集計した一覧表（これを**貸借対照表**(たいしゃくたいしょうひょう)という）を作り，お金やモノあるいは借金がどれだけあるかをわかるようにする。さらに，企業の経営成績を示す勘定たちを集計した一覧表（これを**損益計算書**(そんえきけいさんしょ)という）を作り，１期間でどれだけ儲かったかをわかるようにする。なお，貸借対照表と損益計算書をまとめて**財務諸表**(ざいむしょひょう)という。

この(1)と(2)の一連の流れが，簿記一巡の手続きであり，これを図で示すと次のようになる。

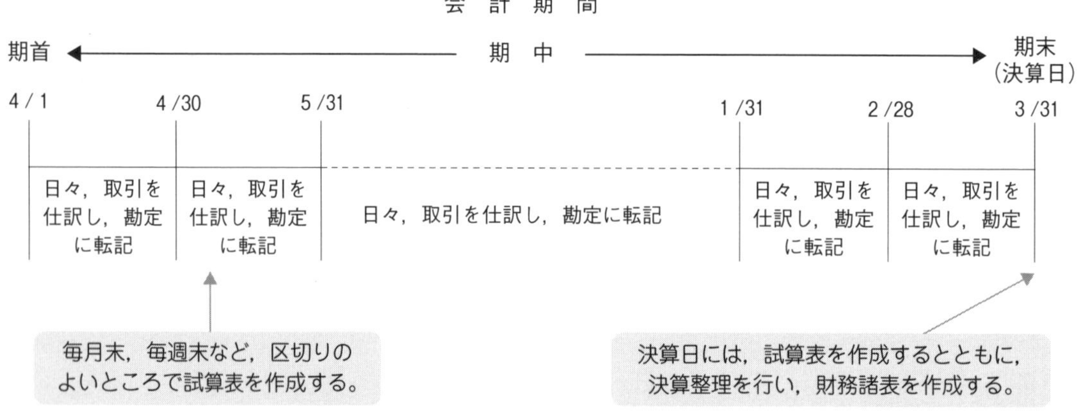

第2章 期中における簿記手続き

1 仕訳（しわけ）［期中の簿記処理①］

(1) 仕訳とは

仕訳とは，取引について最初に行う簿記の記録手続きであり，取引内容を勘定科目と金額だけを使って簡潔に記録することをいう。

もし，取引の内容を文章で記入するとどういうことになるだろうか。**設例2－1**を見てみよう。

設例2－1

日々の取引内容を文章で記入した場合。

4月1日に名城銀行から現金¥500,000を借り入れた。
4月10日に日進商事から¥100,000分の商品を仕入れ，代金は現金で支払った。
4月20日に楠元商事に商品を¥120,000で売り上げ，代金は現金で受け取った。
4月30日に名城銀行へ借入金のうち¥100,000を現金で返済し，あわせて利息¥1,000を現金で支払った。

設例2－1の4日分の取引内容を，もしノートに文章で記録するとなると，書くだけで結構手間がかかりそうである。また，取引内容を理解するためには，文章を読まなければならない。そこで，これらの取引を仕訳で示すと次のようになる。

4/1	（借）	現　　　　金	500,000	（貸）	借　入　金	500,000
4/10	（借）	仕　　　　入	100,000	（貸）	現　　　金	100,000
4/20	（借）	現　　　　金	120,000	（貸）	売　　　上	120,000
4/30	（借）	借　入　金	100,000	（貸）	現　　　金	101,000
		支 払 利 息	1,000			

仕訳にすることで，文字は基本的に勘定科目だけなので，だいぶ記入が簡素化され，見た目もすっきりする。また，見る側も仕訳のルールを知っていれば，視覚的に取引内容を理解することができる。

上の**設例2－1**では，取引の数がまだ少ないので仕訳の便利さがわかりにくいかもしれないが，もし商売が繁盛して取引が毎日100回行われたりすると，文章記録のために相当な時間を費やし，長時間の残業が必要になりそうである。そこで，仕訳という記録方法を用いればかなり手間が省け，とても便利なものであることに気づくだろう。

(2) 仕訳の仕方

仕訳は，取引の内容を原因と結果（これを**取引の二面性**という）に分けて，それぞれ金額と適切な勘定科目をつけ，それを左右に分けて記入する。その際，重要となるのが，左右のそれぞれの金額（の合計）が同じになることである。

なお，現段階の学習内容では基本的に経営活動には現金のやり取りが生じるため，結果的に現金がいくら増減したかと，その増減の原因とを２つに分け，左右にそれぞれ記入するとわかりやすい（ただし，後に現金のやり取りが生じない取引も出てくるが，現時点では現金を基準に仕訳を理解しておけばよい)。

次のＡ～Ｃの手順で仕訳がどのようになされるかを見ていく。

仕訳の手順

A　取引において現金が増加したか，減少したかを判断する。さらに，現金の増減の“原因”を考える。

B　取引によって，現金が増えたら左側（借方）に「現金」と記して金額を入れる，減ったら右側（貸方）に「現金」と記して金額を入れる。

C　空いている反対側には，現金が増減した原因がわかる適切な勘定科目をつけて記入し，金額を入れる。

設例２－１で見た取引はどのような手順で仕訳がされていくか見てみよう。

● ４月１日 名城銀行から現金¥500,000を借り入れた。

A　現金の増減を判断し，その原因も考える（取引を結果と原因の要素に分解する)。

現金の増減結果：手持の現金が¥500,000増えた

原因：銀行からお金を¥500,000借りたので

B　現金を，左側（借方）か右側（貸方）のどちらに仕訳するか決める。

現金の増減結果：¥500,000増えた　➡　増えたので，左側（借方）

（借）現　　　金　500,000　（貸）？　？　？　？？？

C　原因：銀行からお金を¥500,000借りたので

➡簿記では銀行から借金したら「借入金」で処理する。これを空いている右側（貸方）へ

（借）現　　　金　500,000　（貸）借　入　金　500,000

● ４月10日　日進商事から¥100,000分の商品を仕入れ，代金は現金で支払った。

A　現金の増減を判断し，その原因も考える（取引を結果と原因の要素に分解する）。
現金の増減結果：現金を¥100,000支払ったので減った
原因：日進商事から¥100,000分の商品を仕入れたので

B　現金を，左側（借方）か右側（貸方）のどちらに仕訳するか決める。
現金の増減結果：¥100,000減った　➡　減ったので，右側（貸方）

（借）？　？　？　？？？　（貸）現　　金　100,000

C　原因：¥100,000分の商品を仕入れたので
➡仕入れたら「仕入」という勘定科目で処理する。これを空いている左側（借方）へ

（借）仕　　入　100,000　（貸）現　　金　100,000

● ４月20日　楠元商事に商品を¥120,000で売り上げ，代金は現金で受け取った。

A　現金の増減を判断し，その原因も考える（取引を結果と原因の要素に分解する）。
現金の増減結果：代金¥120,000を現金で受け取ったので，手持の現金が¥120,000増えた
原因：商品を¥120,000で売り上げたので

B　現金を，左側（借方）か右側（貸方）のどちらに仕訳するか決める。
現金の増減結果：¥120,000増えた　➡　増えたので，左側（借方）

（借）現　　金　120,000　（貸）？　？　？　？？？

C　原因：商品を¥120,000で売り上げたので
➡売り上げたら「売上」という勘定科目で処理する。これを空いている右側（貸方）へ

（借）現　　金　120,000　（貸）売　　上　120,000

● ４月30日　名城銀行へ借入金のうち¥100,000を現金で返済し，あわせて利息¥1,000を現金で支払った。

A　現金の増減を判断し，その原因も考える（取引を結果と原因の要素に分解する）。
現金の増減結果：借入金の返済と利息の支払いで合わせて¥101,000減った
原因：借入金¥100,000の返済と利息¥1,000を支払ったため

B　現金を，左側（借方）か右側（貸方）のどちらに仕訳するか決める。
現金の増減結果：¥101,000減った　➡　減ったので，右側（貸方）

（借）？　？　？　？？？　（貸）現　　金　101,000

C　原因：借入金¥100,000の返済と利息¥1,000を支払ったため

➡利息の支払いは「支払利息」という勘定科目で処理する。「借入金」と「支払利息」を空いている左側（借方）へ縦に並べて記入する。

（借）借　入　金　100,000　（貸）現　　金　101,000
　　　支 払 利 息　　1,000

(3)　簿記，仕訳に関するいくつかのルール

仕訳あるいは簿記全体において，仕訳方法以外にもいくつかルールがある。

①　勘定科目

仕訳でつかう勘定科目は，もともとは仕訳した人がわかればよいので自由な名称をつけてもよいのだが，商店や企業が多くなり簿記の情報に携わる人が増えると，その仕訳で使う名称を統一しておかないと混乱を招く。また，企業やお店ごとに勘定科目名が違うと，銀行や取引先など企業や商店に関わっている外部の人たちは，企業の情報を理解するのに手間がかかってしまう。そのため，仕訳で用いる勘定科目の名称はおおむね統一されている。

現在の学習段階において比較的よく取り扱う取引で用いる勘定科目には，次のようなものがある。

勘定科目	取　引　内　容
現　　金	お金そのもの
仕　　入	商品を仕入れた
売　　上	商品を売り上げた，販売した
貸 付 金	お金を貸した
借 入 金	お金を借りた（借金をした）
資 本 金	企業やお店を始めるために出資（元入れ）した
受取利息	利息（利子）を受け取った
支払利息	利息（利子）を支払った
給　　料	従業員に給料を支払った
旅費交通費	旅費または交通費を支払った

②　左右に同じ金額を記入する

仕訳を行う際には，必ず左右に入れる金額を一致させるという重要なルールがある。もし，片方にしか記入しないと，仕訳でミスしてしまった場合，その後ミスを発見することは困難である。しかし，左右同額を記入すれば，仕訳の段階で同じ金額を二度扱うのでミスを予防できる。さらに後で集計したと

きに，左と右の合計が一致するかを確認すれば，仕訳などでミスをしていないかチェックすることできる。そのため，左右に同額を記入することが大変重要なのである。

このように左右に同じ金額になるように仕訳を行っていく簿記のことを**複式簿記**（ふくしきぼき）という（片方にしか記入しない簿記のことは単式簿記というが，一般的な簿記ではないので本書では取り扱わない）。また，複式簿記において，左右の金額を同じとするルールを，**貸借平均の原理**（たいしゃく）という。

③　簿記や会計での「左側」と「右側」の呼びかた

簿記や会計では左側のことを「**借方**（かりかた）」，右側のことを「**貸方**（かしかた）」という。もともと，左が借方，右が貸方と呼ばれるようになった理由はあるが，その意味は現在では薄れてしまっているので，英語の時間に「左＝LEFT」，「右＝RIGHT」と，その語源を知らずに機械的に覚えたのと同様に，**左＝借方**，**右＝貸方**と機械的に覚えよう。

なお，先ほどの仕訳例だと，おカネを借り入れて借入金が増えた際に，仕訳では借入金は貸方（右側）に出てくる。借方，貸方の字面を見ると，「借入金が増えたのに貸方に仕訳というのはなんか気持ち悪い」と感じるかもしれないが，気にしないように。

2　勘定への転記［期中の簿記処理②］

仕訳をしただけでは，いま現金などがいくらあるかや，売上や仕入の総額などがわかりにくくなる。**設例２－１**の取引くらいの数であれば，即座に集計することはそれほど大変ではないが，取引数が増え１日に100回など多数の取引があると，仕訳だけを見て即座に集計するのは困難である。そのため，仕訳の内容を勘定科目ごとに，仕訳のつど集計しておくと，あとで取引のデータを利用しやすくなる。

そこで，「現金」や「売上」といった勘定科目ごとに集計用のフォルダ（これを**勘定**（かんじょう）という）を作って，仕訳のたびに勘定に書き写して整理していく。これを（勘定）転記という。転記の方法にはいくつかルールがあるが，設例に従って説明する。

(1) 仕訳の勘定への転記方法 （その１　仕訳の勘定科目が左右１つずつの場合）

設例２－２ 〈転記方法～仕訳の勘定科目が左右１つずつの場合〉

次の取引を仕訳し，勘定へ転記しなさい。

４月１日　名城銀行から現金¥500,000を借り入れた。

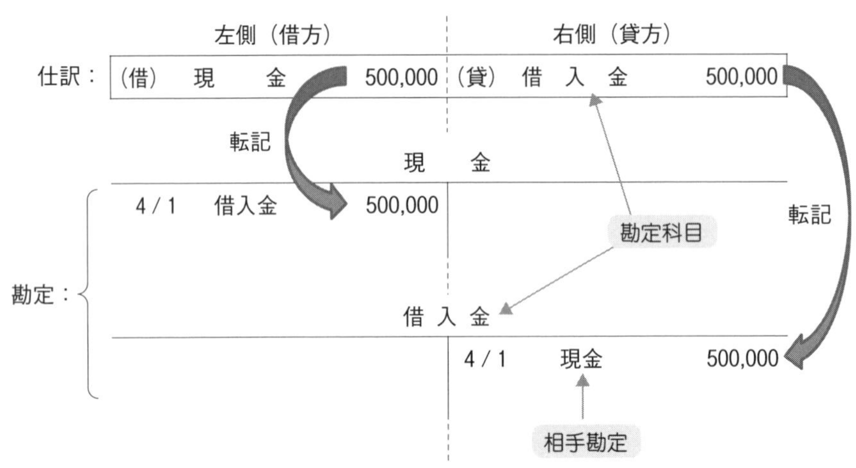

仕訳の左側（現金）の転記

① 該当する勘定へ金額を転記する。その際に，仕訳で出てきた側に転記する。現金は左側（借方）に仕訳されたので，現金勘定の左側（借方）に転記する。

② 何で現金が増えたか忘れないよう，日付と相手の勘定科目を入れる（相手科目の入れかたがわからなければ，今の段階では日付だけでもよい）。

仕訳の右側（借入金）の転記

① 該当する勘定へ金額を転記する。その際に，仕訳で出てきた側に転記する。借入金は右側（貸方）に仕訳されたので，借入金勘定の右側（貸方）に転記する。

② 何で借入金が増えたか忘れないよう，日付と相手の勘定科目を入れる（相手科目の入れかたがわからなければ，今の段階では日付だけでもよい）。

⑵　仕訳の勘定への転記方法　（その２　仕訳の勘定科目が片側に複数ある場合）

設例２－３　〈転記方法 ～仕訳の勘定科目が複数ある場合〉

次の取引を仕訳し，勘定へ転記しなさい。

４月30日に名城銀行へ借入金のうち¥100,000を現金で返済し，あわせて利息￥1,000を現金で支払った。

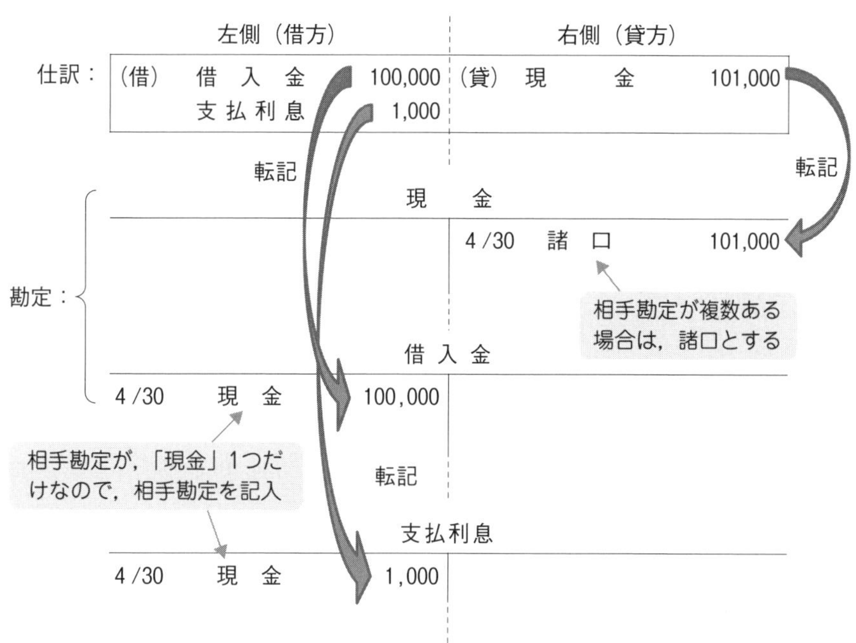

仕訳の左側（現金）の転記	仕訳の右側（借入金）の転記
①　該当する勘定へ金額を転記する。その際，仕訳で出てきた側に転記する。借入金と支払利息は左側（借方）に仕訳されたので，それぞれの勘定の左側（借方）に転記する。	①　該当する勘定へ金額を転記する。その際，仕訳で出てきた側に転記する。現金は右側（貸方）に仕訳されたので，現金勘定の右側（貸方）に転記する。
②　次に日付と相手の勘定科目を入れる。借入金と支払利息の相手勘定は現金なので，どちらも現金と記入する（相手科目の入れかたがわからなければ，今の段階では日付だけでもよい）。	②　次に日付と相手の勘定科目を入れるが，相手勘定が借入金と支払利息の２つある。このように，相手勘定が複数ある場合は，「諸口」とする（相手科目の入れかたがわからなければ，今の段階では日付だけでもよい）。

3　試算表の作成の仕方

(1)　試算表とは

試算表（trial balance，T/Bと略記される）は，すべての勘定の金額を集計した表である。試算表では，貸借平均の原理により左側（借方）の合計と右側（貸方）の合計が必ず一致するため，この原理を利用して，仕訳や転記が正確に行われているかどうかをチェックすることができる（ただし，すべてのミスを見つけることができるわけではない）。

(2)　試算表の種類

試算表には，勘定の金額をどのように集計するかによって，合計試算表，残高試算表，合計残高試算表の３種類がある。以下，数値例を用いて，各試算表の作成方法を見ていく。

①　合計試算表

合計試算表とは，各勘定の左側（借方）の合計と右側（貸方）の合計を集計した表をいう。作成方法は次のとおりである。

手順１　各勘定の左側（借方）の合計額と右側（貸方）の合計額を計算する。

手順２　各勘定の左側（借方）の合計額を合計試算表の左側（借方）に記入し，右側（貸方）の合計額を右側に記入する。

下の**設例２－４**では，現金勘定の左側（借方）の合計，“200＋200＋250＋300＝950”を合計試算表の現金の行の左側（借方）に，右側（貸方）の合計“150＋200＋10＋100＝460”を合計試算表の現金の行の右側（貸方）に記入する。この手順をすべての勘定について行っていく。

手順３　すべての勘定の左側（借方）と右側（貸方）の合計を合計試算表に記入し終わったら，合計試算表の左側（借方）と右側（貸方）の金額をそれぞれ縦に合計する。

手順４　合計試算表が作成できたら，左右の縦の合計額が一致することを確認する。この合計計算を間違えることがよくあるので注意する。一致すれば完成である。

もし左右の合計額が一致しない場合は，この節の最後にある**「(3)試算表の左右の合計額が一致しない場合」**において説明している手順でミスを発見していく。

設例２－４　**〈合計試算表の作成〉**

次の勘定から，合計試算表を作りなさい。

現　　金

4／1	前期繰越	200	4／4	仕入	150
2	借入金	200	16	仕入	200
12	売上	250	25	支払利息	10
21	売上	300	30	借入金	100

借　入　金

4／30	現金	100	4／1	前期繰越	100
			2	現金	200

仕　　入

4／4	現金	150			
16	現金	200			

売　　上

			4／12	現金	250
			21	現金	300

支払利息

4／25	現金	10			

資　本　金

			4／1	前期繰越	100

合計試算表

借　方	勘定科目	貸　方
950	現　金	460
100	借入金	300
	資本金	100
	売　上	550
350	仕　入	
10	支払利息	
1,410		1,410

② **残高試算表**

(i)　残高とはなにか

残高試算表とは，各勘定の左側（借方）の**残高**（ざんだか）と右側（貸方）の残高を集計して作成する表である。ここで残高とは，左右どちらがいくら多いかという意味である。残高の計算は，次の手順で行う。

- 各勘定の左側（借方）と右側（貸方）の各合計額を計算する。
- 各勘定の左側（借方）と右側（貸方）の各合計額を比較し，どちらがいくら多いかを計算する。

下図の現金の場合，左側（借方）の合計額は950，右側（貸方）の合計額は460なので，左側（借方）が490多いことになる。左側（借方）が多い場合の残高を借方残高という。また，借入金の場合，左側（借方）の合計額は100，右側（貸方）の合計額は300なので，右側（貸方）が200多いことになる。右側（貸方）が多い場合の残高を貸方残高という。

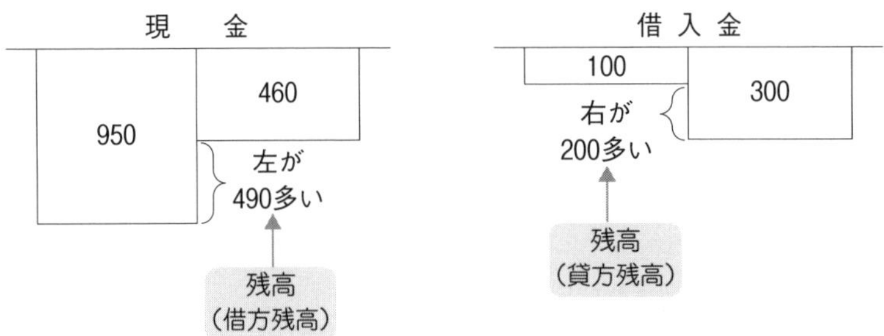

(ii)　残高試算表の作成方法

手順1	各勘定の残高を計算する。
手順2	各勘定の残高を残高試算表に記入する。**設例2－4**の場合，現金の残高490は借方残高なので，現金の行の左側（借方）に記入し，借入金の残高200は貸方残高なので借入金の行の右側（貸方）に記入する。
手順3	すべての勘定の左側（借方）もしくは右側（貸方）に残高を残高試算表に記入し終わったら，左側（借方）と右側（貸方）の金額をそれぞれ縦に合計する。
手順4	残高試算表の左右の縦の合計額が一致することを確認する。

もし左右の合計額が一致しない場合は，合計試算表の場合と同じように「**(3)試算表の左右の合計額が一致しない場合**」における手順でミスを見つける。

設例2－5　**〈残高試算表の作成〉**

設例2－4の勘定から残高試算表を作りなさい。

残高試算表

借　方	勘定科目	貸　方
490	現　金	
	借入金	200
	資本金	100
	売　上	550
350	仕　入	
10	支払利息	
850		850

③　合計残高試算表

各勘定の左側（借方）の右側（貸方）の合計と残高の両方を集計した表をいう。つまり，合計試算表と残高試算表を１つの表にしたものである。通常，合計を内側に，残高を外側に記入する。作成方法は，合計試算表と残高試算表の作り方に準じる。

設例２－６　**〈合計残高試算表の作成〉**

設例２－４の勘定から合計残高試算表を，作りなさい。

合計残高試算表

借方残高	借方合計	勘定科目	貸方合計	貸方残高
490	950	現　　　金	460	
	100	借　入　金	300	200
		資　本　金	100	100
		売　　　上	550	550
350	350	仕　　　入		
10	10	支払利息		
850	1,410		1,410	850

(3)　試算表の左右の合計額が一致しない場合

試算表では，左右の合計額が必ず一致する。もし一致しない場合には，途中のどこかで計算ミスや転記ミス，あるいは仕訳の金額不一致があったことを意味する。これらのミスは，探し出して訂正する必要がある。探し出す際は，次の手順のように「試算表→勘定→仕訳」と記録をさかのぼっていく。

手順１　試算表での左側（借方）合計と右側（貸方）合計の縦計算にミスがないか確認する。

手順２　各勘定での左側（借方）合計と右側（貸方）合計の縦計算あるいは残高計算にミスがないか確認する。その際，計算ミスが起こりやすい勘定（例えば，転記された項目が多い現金勘定）を重点的に調べてみるとよい。

手順３　仕訳から勘定への転記ミスがないか確認する（例えば，右側（貸方）に転記すべきところを左側（借方）に転記してしまっていないか，金額のケタを間違えて転記してしまっていないかどうか）。

手順４　仕訳の左右の金額が一致しているか確認する。

ただし，試算表では，左右の合計額が必ず一致するという貸借平均の原理にも限界があり，仕訳で左右の金額が一致しているけれども金額自体が間違っている，などの場合はミスを見つけることはできない。

第3章 決算日（期末）における簿記手続き

1 決算とはなにか

期末の決算日を迎え１会計期間の経営活動が終了したら，これまで行ってきた日常の記録をまとめ，確定する。１会計期間の金額の記録，計算が決定するので，**決算**という。

決算では最終的に，

❶企業や商店の財産や負債がいくらあるかを示す表である**貸借対照表**
❷今年度においていくら儲けたか（または損したか）を計算する表である**損益計算書**

を作成する。貸借対照表と損益計算書をまとめて**財務諸表**という。

そこで決算においては，財務諸表の作成にあたって，日常行ってきた簿記の記録のうち，決算日においてズレが生じてしまっているいくつかの記録に対して修正を加え，今期の利益を確定させる手続きが必要となる。

2 財務諸表とはなにか

財務諸表（Financial Statements，一般にＦ/Ｓと略記される）には，すでに述べたように貸借対照表と損益計算書がある。

貸借対照表（Balance Sheet，一般にＢ/Ｓと略記される）は，企業やお店が何を持っているか（資産），いくら借金があるか（負債），負債を返済した後に残る資産はいくらか（純資産）を示す表である。つまり，企業の財政状態を表す表である。

損益計算書（Profit and Loss account（UK），Income Statement（US），一般にＰ/Ｌと略記される）は，この会計期間（当期）にどれだけ儲けたのかという，企業の経営成績を示す表である。収益と費用を集計，掲載し，収益から費用を引いて利益（または損失）を計算する。

3 決算日における簿記の一巡（財務諸表の作成までの流れ）

決算日における簿記手続きは，次の手順に従って行われ，最終的に財務諸表を作成する。

手順１ **勘定を集計して，残高試算表を作成する**
➡会計期間が終了したので，まず最初に試算表を作成する。

手順２ **決算整理仕訳を行う**

➡仕訳や転記は，基本的に年度のことを考えず，その日にあった出来事をただ記録しているだけなので，決算日に仕訳や勘定の内容がズレてしまうことがある。そこで，そのズレを調整するために決算整理仕訳を行う。

手順３　**残高試算表と決算整理仕訳の内容から，精算表を作成する**

➡いきなり財務諸表を作ってうまくいかないと二度手間，三度手間になってしまうので，財務諸表を正式に作る前に，うまく作れるか，試しに簡易版の財務諸表を作成する。そのときに使う表を精算表という。

手順４　**決算整理後の残高試算表を作成する**

➡決算整理仕訳により各勘定の残高が変動するため，あらためて残高試算表を作成する。

手順５　**損益振替仕訳を行う**

➡当期において利益（当期純利益）がいくら生じたか，仕訳と転記で計算する。

手順６　**資本振替仕訳を行う**

➡生じた利益を確定させる。……手順４，手順５に出てくる損益勘定が損益計算書の原型になる。

手順７　**正式な損益計算書を作成する**

手順８　**正式な貸借対照表を作成する**

以下，設例を用いながら，決算日の簿記処理（財務諸表の作成）を解説する。

設例３－１

次の勘定，決算整理事項から，残高試算表を作り，決算整理を行い，精算表を作成し，財務諸表を作成しなさい。

●決算整理事項：期末商品棚卸高190

現　金

前期繰越	400	仕　入	250
借入金	400	仕　入	350
売　上	500	支払利息	10
売　上	650	借入金	200

借入金

現　金	200	前期繰越	200
		現　金	400

繰越商品

前期繰越	200		

売　上

		現　金	500
		現　金	650

仕　入

現　金	250		
現　金	350		

資本金

		前期繰越	400

支払利息

現　金	10		

手順1　**残高試算表の作成**

1会計期間が終了したので，まず最初に試算表を作成する。どのタイプの試算表でも構わないが，残高試算表が一般的である。勘定の内容から残高試算表を作ると，次のとおりになる。

残高試算表

借　方	勘定科目	貸　方
1,140	現金	
200	繰越商品	
	借入金	400
	資本金	400
	売上	1,150
600	仕入	
10	支払利息	
1,950		1,950

手順2　**決算整理仕訳**

仕訳や転記は，基本的に年度のことを考えず，その日にあった出来事をただ記録しているだけなので，これまでに記録してきた仕訳や勘定の内容と，決算日における現実の金額とにズレが生じてしまうことがある。そこで，そのズレを調整する簿記処理が必要となる。これを決算整理という。なお，現時点でズレてしまう項目は，商品が売れ残ったりした場合の「仕入」である。

(a)　今年度（当期）に売れ残ってしまった商品

「仕入」は売るために商品を買い入れた金額である。仕入れたときは，当然売れることを前提としているが，決算日までに必ずしもすべて売りきれるわけではなく，いくつか売れ残ってしまう。売れ残ってしまった「仕入」は，まだ売れていない以上，「仕入」のままにしておけないので，売れ残りであるとわかるようにする必要がある。この売れ残りを表す勘定を「**繰越商品**（くりこししょうひん）」という。そこで，売れ残った分について，次の仕訳を行う。なお，設例3－1の「**決算整理事項：期末商品棚卸高　¥○○**」が当期の売れ残った金額（期末在庫額）を表している

（借）繰越商品	当期に売れ残った金額	（貸）仕　　入	当期に売れ残った金額

設例３－１では「決算整理事項：期末商品棚卸高190」という記述がある。これが今年度売れ残った商品の金額である。そこで，仕訳は次のようになる。

（借）	繰越商品	190	（貸）	仕入	190

(b)　昨年度（前期）に売れ残ってしまった商品

今年売れ残るということは，昨年も売れ残っていた可能性がある。もし，**手順１**で，決算整理をする前の「繰越商品」勘定の左側に金額があり，残高試算表を作成したときに，「繰越商品」の左側に金額が入ったら，それだけの売れ残りが昨年度に発生していたことになる。つまり，この金額が，前期に売れ残った金額である。

通常，古いものから順に売っていくので，前期の売れ残り（期首在庫）を意味するこの「繰越商品」は，当期中に売れてなくなっているはずである。そこで，この「繰越商品」を仕入に変える仕訳を次のように行う。

（借）	仕入	前期に売れ残った金額	（貸）	繰越商品	前期に売れ残った金額

設例では，残高試算表の繰越商品は左側（借方）に200となっている。これが前期に売れ残った商品の金額であるので，仕訳は次のようになる。

（借）	仕入	200	（貸）	繰越商品	200

これを上記(a)の仕訳（当期の売れ残り）とともに勘定に転記すると，次のようになる。この決算整理の仕訳と転記によって，繰越商品と仕入の勘定の金額が財務諸表に記載される正しい金額になる。

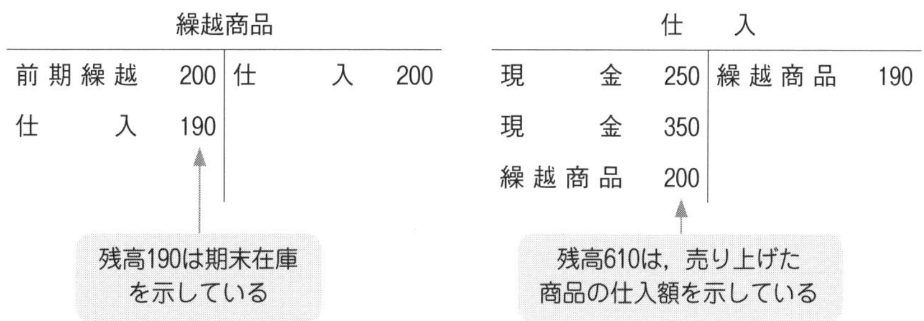

(c)　実際の仕訳の順序

説明の都合上，“当期の売れ残り→前期の売れ残り”という順序で説明したが，実際に仕訳を行うときは時間の流れに沿って行うため，(b)の前期の売れ残りの仕訳を先に行い，(a)の当期の売れ残りの仕訳を後に行う。設例について，その順序で仕訳を行うと次のようになる。

（借）仕　　　入 200	（貸）繰越商品 200

（借）繰越商品 190	（貸）仕　　　入 190

ここで出てくる仕訳は，この形で決まっている。これらは現金が出てこない仕訳なので，現段階では考えて仕訳を行おうとすると難しいため，この仕訳の形「仕入/繰越商品，繰越商品/仕入」を覚えておこう。

手順3　精算表（せいさんひょう）の作成

決算では，計算が合わなくて苦労することが少なくない。特に，いきなり財務諸表を作ろうとするとうまくいかず，かえって二度手間，三度手間になることが多い。そこで，財務諸表を正式に作る前に，簡易版の財務諸表を作成する。そのときに使う表が**精算表**（worksheet: 直訳すると練習用紙，作業表という意味）という。

設例3－1に沿って精算表を作成すると次のようになる。どのように作成されるか，手順に従って説明する。

精　算　表

勘定科目	残高試算表		整理記入		損益計算書		貸借対照表	
	借方	貸方	借方	貸方	借方	貸方	借方	貸方
現　　金	1,140						1,140	
繰越商品	200		190	200			190	
借入金		400						400
資本金		400						400
売　　上		1,150				1,150		
仕　　入	600		200	190	610			
支払利息	10				10			
	1,950	1,950						
当期純利益					530			530
			390	390	1,150	1,150	1,330	1,330

① 決算整理前に作った残高試算表の数値を，精算表の残高試算表欄に記入する。記入したら縦に合計する（必ず左右の合計は一致する）。

精　算　表

勘定科目	残高試算表		整理記入		損益計算書		貸借対照表	
	借方	貸方	借方	貸方	借方	貸方	借方	貸方
現　　金	1,140							
繰越商品	200							
借 入 金		400						
資 本 金		400						
売　　上		1,150						
仕　　入	600							
支払利息	10							
	1,950	1,950						
当期純利益								

①残高試算表から金額を記入する

②　決算整理仕訳の数値を整理記入の欄に記入する。記入したら縦に合計する（これも左右一致する）。

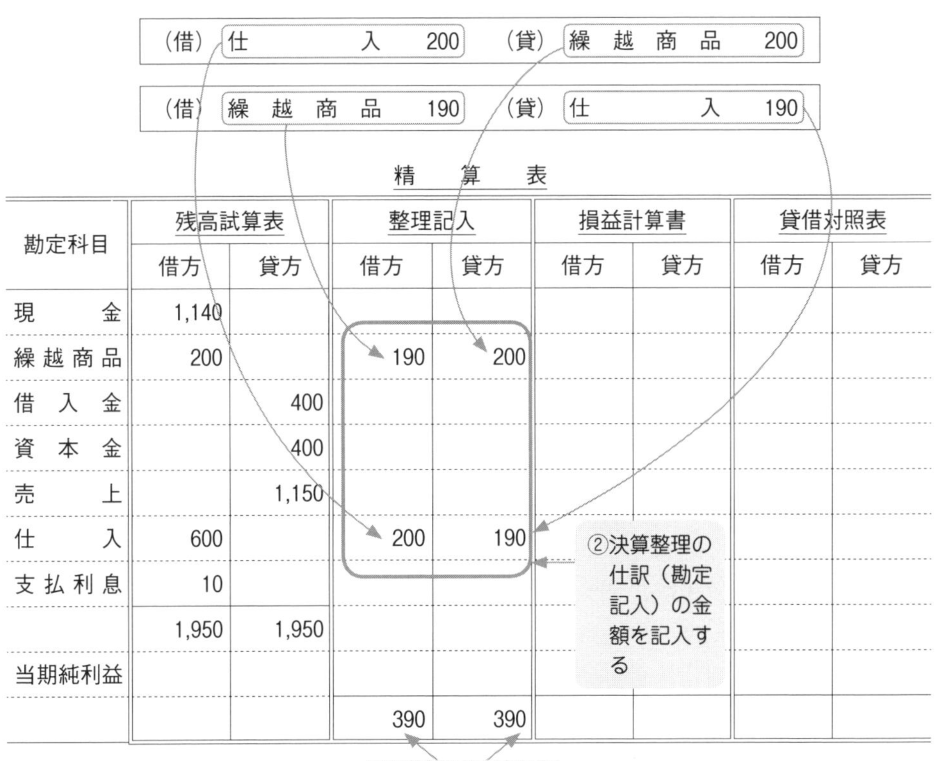

（借）仕　入　200　（貸）繰越商品　200

（借）繰越商品　190　（貸）仕　入　190

精　算　表

勘定科目	残高試算表		整理記入		損益計算書		貸借対照表	
	借方	貸方	借方	貸方	借方	貸方	借方	貸方
現　　金	1,140							
繰越商品	200		190	200				
借 入 金		400						
資 本 金		400						
売　　上		1,150						
仕　　入	600		200	190				
支払利息	10							
	1,950	1,950						
当期純利益								
			390	390				

②決算整理の仕訳（勘定記入）の金額を記入する
④合計が一致する

各勘定科目の残高試算表欄の数値と整理記入の数値を加減算して損益計算書欄，貸借対照表欄に書き写す。

その際どちらへ書き写すかというと，収益と費用に関する勘定科目は損益計算書欄に，資産と負債，資本（純資産）に関する勘定科目は貸借対照表欄に書き写す。とはいうものの，現時点でどれが資産で，どれが収益で，どれが費用かはよくわからないだろう。それらの内容は，おおむね次のとおりである。

資産：経営に役立つもの，あるいはあとでお金やサービスを受け取ることができる権利。 **負債**：いわゆる借金，あるいはお金やサービスを引き渡さなければならない義務。 **資本（純資産）**：過去における出資分や利益の留保分で，資産から負債を引いた額となる（現時点では資本金のみ）。	➡**貸借対照表**
収益：ある期間における経済活動の結果，生じた経済的価値の増加原因。 **費用**：ある期間において収益を得るために，資産の減少や負債の増加といった犠牲となった経済的価値の減少原因。	➡**損益計算表**

この各項目の意味をもとに，設例の各勘定を分類すると次のとおりになる。

- 現金は資産，繰越商品は来年の販売活動（売上）という経営活動に役立つから資産
- 借入金は負債
- 資本金は資本（純資産）
- 売上は現金の増加要因だから収益
- 仕入と支払利息は現金という資産が減少し，犠牲になっているから費用

例えば，繰越商品については「200（残高試算表の左側（借方））+190（整理記入の左側（借方））－200（整理記入の右側（貸方））=190（借方残高）」と計算して，貸借対照表の左側（借方）に書き写す。

③　損益計算書と貸借対照表への記入を行い，縦に合計する。そうすると，左右の合計は通常合わない。この時点では合計計算結果の数値を，表の合計を記入するところには入れないで，欄外にメモしておく。

精　算　表

勘定科目	残高試算表		整理記入		損益計算書		貸借対照表	
	借方	貸方	借方	貸方	借方	貸方	借方	貸方
現　　金	1,140						1,140	
繰越商品	200		190	200	③		190	
借入金		400						400
資本金		400						400
売　　上		1,150				1,150		
仕　　入	600		200	190	③ 610			
支払利息	10				10			
	1,950	1,950						
当期純利益								
			390	390				
					620	1,150	1,330	800

③左右をそれぞれ縦に合計

③左右をそれぞれ縦に合計

④合計は，左が530不足し，合わない

④合計は，右が530不足し，合わない

④　③の損益計算書と貸借対照表での合わない金額は，間違っていなければ同じになる。ただし，必ず左右逆になる。この金額は，当期純利益（とうきじゅんりえき）である。この金額を損益計算書と貸借対照表の当期純利益の行の不足している側に記入する。この設例の場合は，不足額が損益計算書は左側（借方）に530，貸借対照表は右側（貸方）に530と記入する。

この設例のように，損益計算書では左側（借方）が不足，貸借対照表では右側（貸方）が不足の場合は，当期純利益が生じたことになり，儲かっている状態である。

逆に，損益計算書は右側（貸方）が不足，貸借対照表が左側（借方）が不足の場合もある。この場合は，当期純損失が生じていることになる。

⑤　不足額を当期純利益の行に記入したら，再度，損益計算書と貸借対照表を縦に合計し記入する。この時点で，縦の合計額は一致する。これで，精算表が完成する。

精　算　表

勘定科目	残高試算表		整理記入		損益計算書		貸借対照表	
	借方	貸方	借方	貸方	借方	貸方	借方	貸方
現　　金	1,140						1,140	
繰越商品	200		190	200			190	
借 入 金		400						400
資 本 金		400						400
売　　上		1,150				1,150		
仕　　入	600		200	190	610			
支払利息	10				10			
	1,950	1,950						
当期純利益					530			530
			390	390	1,150	1,150	1,330	1,330

⑤不足してる側に不足分530を記入

⑤縦の合計が一致する

なお，精算表にすでに損益計算書と貸借対照表があるが，これは正式なものではなく，あくまで，試しに計算するために仮に作ったものである。手順4 以下で，正式な貸借対照表，損益計算書を作成する手続きを行う。

手順4　決算整理後の残高試算表を作成する

手順2 における決算整理手続により，決算整理前に存在した勘定科目のいくつかは残高額が変動する。また，今後の学習では，決算整理により新たな勘定科目が設定され，仕訳がなされる。これらの決算整理手続によって変動した金額で，あらためて残高試算表を作成する。作成する理由は，決算手続に役立てるためである。

設例3－1における各勘定は，手順2 での決算整理手続後，次の状態となっている。決算整理後の各勘定の金額をもってあらためて残高試算表を作成する。

現　金

前期繰越	400	仕　入	250
借入金	400	仕　入	350
売　上	500	支払利息	10
売　上	650	借入金	200

借入金

現　金	200	前期繰越	200
		現　金	400

売　上

		現　金	500
		現　金	650

繰越商品

前期繰越	200	仕　入	200
仕　入	190		

資本金

		前期繰越	400

仕　入

現　金	250	繰越商品	190
現　金	350		
繰越商品	200		

支払利息

現　金	10		

（決算整理後）残高試算表

借　方	勘定科目	貸　方
1,140	現　金	
190	繰越商品	
	借入金	400
	資本金	400
	売　上	1,150
610	仕　入	
10	支払利息	
1,950		1,950

手順５　損益振替手続を行う

利益あるいは損失がいくら生じたか，仕訳と転記で正式に計算する。この際に，新たに「損益」という勘定を作って，そこへ収益と費用の勘定の金額を振り替える。なお，**振替**（ふりかえ）とは，金額をある勘定から別の勘定に移すことをいう。また，この損益勘定から，手順７の損益計算書が作られる。

損益振替手続は，次の，A，Bの手順に従って仕訳，転記する。

> **A　収益に関する勘定をすべて損益という勘定に振り替える**
> **B　費用に関する勘定をすべて損益という勘定に振り替える**

A　収益に関する勘定をすべて損益という勘定に振り替える

仕訳の仕方

① まず，収益に関する勘定の残高を，残高がある側とは逆に仕訳する。収益は右側に残高があるので，逆の左側に仕訳する。

この設例の場合「売上」のみが収益である。したがって，仕訳すると次のようになる。

(借) 売　　上	1,150	(貸) ？？？？？	

② 空いている右側には「損益」と入れる。設例に沿って仕訳すると次のようになる。

(借) 売　　上	1,150	(貸) 損　　益	1,150

③ 仕訳ができたら転記を行う。なお，実際に勘定に転記すると，次のようになる

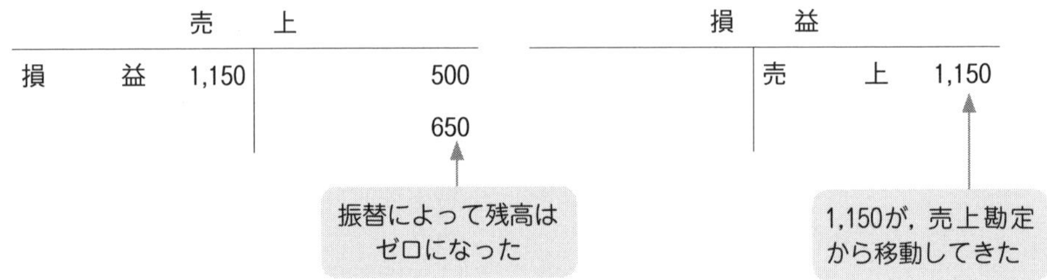

B　費用に関する勘定をすべて損益という勘定に振り替える

仕訳の仕方

① まず，費用に関する勘定の残高を，残高がある側とは逆に仕訳する。費用は左側に残高があるので，逆の右側に仕訳する。

この設例の場合「仕入」と「支払利息」が費用である。したがって，仕訳すると次のようになる。

(借) ？？？？？	(貸) 仕　　入	610
(借) ？？？？？	(貸) 支払利息	10

② 空いている左側には「損益」と入れる。設例に沿って仕訳すると次のようになる。

(借) 損　　益	610	(貸) 仕　　入	610
(借) 損　　益	10	(貸) 支払利息	10

③　仕訳ができたら転記を行う。なお，実際に勘定に転記すると，次のようになる。

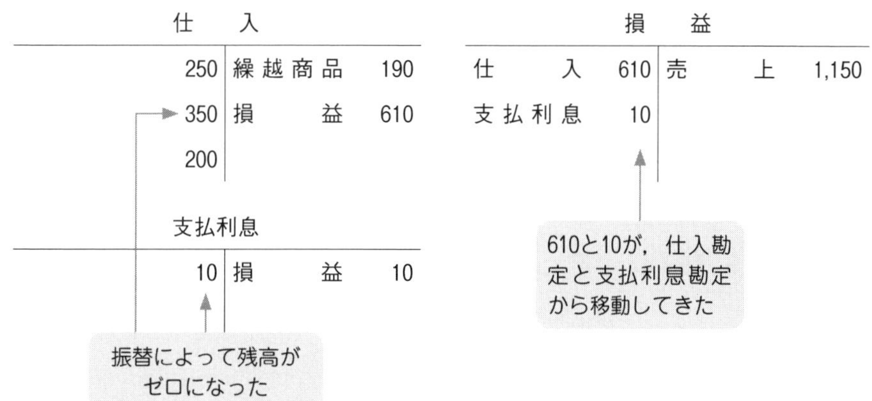

なお，勘定科目ごとに仕訳を行うように損益振替の仕訳を説明したが，次のように損益はまとめて仕訳してもよい。ただし，転記するときは，諸口は使わずに上の③のように１つひとつ別個に転記しなければならない

(借)	損　益	620	(貸)	仕　入	610
			(貸)	支払利息	10

手順６　**資本振替手続を行う**

今年度，生じた利益を確定させるために，利益を新たな元手として**繰越利益剰余金**に振り替える。あえて資本金としない理由は，株主からの出資に基づく元手と区別するためである。そのために，まず，損益勘定の残高を確認する。その結果によって，次のような仕訳を行う。

A　損益勘定の残高が右（貸方）にある場合は，次の仕訳を行う。

(借)	損　益	損益の残高金額	(貸)	繰越利益剰余金	損益の残高金額

B　損益勘定の残高が左（借方）にある場合は，次の仕訳を行う。

(借)	繰越利益剰余金	損益の残高金額	(貸)	損　益	損益の残高金額

これによって，当期純利益（および当期純損失が）が繰越利益剰余金に振り替えられることとなる。

この設例では残高は右（貸方）に530（なお，これが当期純利益）なので，次のように仕訳する。

(借)	損　益	530	(貸)	繰越利益剰余金	530

最後に，資本振替仕訳の内容を転記する。この資本振替手続により，決算日における最終的な損益勘定では左右の合計額が一致し，残高は0になって消えてしまう。これで，資本振替は完了である。

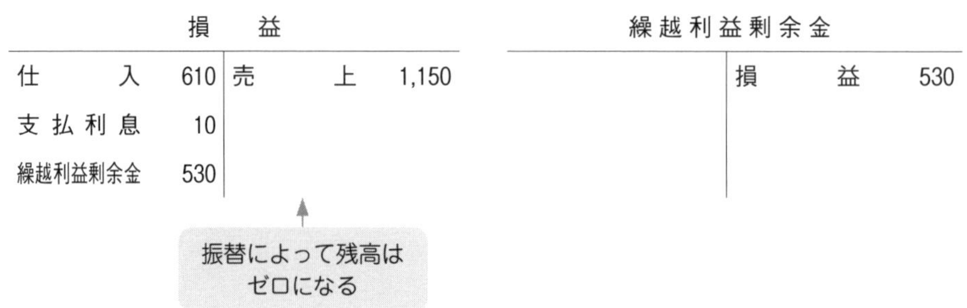

手順7 **損益計算書の作成**

手順5で作成した損益勘定をもとに，(精算表があればこれも参考にしながら)，損益計算書を作る。

正式な損益計算書上では，会計基準で，表示する名称が決められている。そのため，次のように変更する。

“仕入”→“売上原価” に変更

“売上”→ “売上高” に変更

損益勘定にある相手勘定の繰越利益剰余金は“当期純利益（または当期純損失）”とする。

損益計算書

XX年1月1日からXX年12月31日まで

費用	金額	収益	金額
売上原価	610	売上高	1,150
支払利息	10		
当期純利益	530		
	1,150		1,150

手順8 **貸借対照表の作成**

残高試算表をもとに，精算表を参考にしながら，貸借対照表を作る。

なお，正式な貸借対照表上では，会計基準で，“繰越商品”は“商品”と表示することが定められているので，名称を変更する。また，資本（純資産）は，元手と利益がわかるように，資本金と繰越利益剰余金に分けて表示する。

貸借対照表

XX年12月31日

資　産	金　額	負債および資本	金　額
現　　　金	1,140	借　入　金	400
商　　　品	190	資　本　金	400
		繰越利益剰余金	530
	1,330		1,330

補足　財務諸表での表示科目と仕訳での勘定科目との差異

なお，期中の簿記で行ってきた勘定科目と，財務諸表上に表示する名称（表示科目）にはいくつか違いがある。仕訳や勘定の内容は，おもに企業の内部でその情報を活用するが，財務諸表はそれとは異なり，企業内部だけではなく，銀行や取引先，投資家といった企業の外部へ公表するという特徴がある。そのため，仕訳や勘定記入では企業内部で理解しやすいような名称を勘定科目として使うが，財務諸表では企業外部の人たちにも理解しやすくするために，会計基準で財務諸表上の表示科目を定めている。

勘定科目と財務諸表の表示科目が異なる主なものを表にまとめると，次のとおりである。

勘定科目	財務諸表上の表示科目
売　　上	売 上 高
仕　　入	売上原価
繰越商品	商　　品

また，勘定科目ではないが次の点についても注意が必要である。

- 損益計算書での利益（または損失）は，「当期純利益（または当期純損失)」と表示する。また，貸借対照表においては，繰越利益剰余金とする。

第4章 現金預金の処理

1 現金の範囲

簿記や会計などでは現金以外にも，現金として扱うものがいくつかある。次のものはその代表例である。

- 他人が振り出した小切手
- 送金小切手
- 郵便為替証書
- 配当金領収証
- 支払期限到来済の公社債利札

2 現金過不足

簿記を行っておくと，現在，企業やお店が現金をいくら持っているかは，現時点での帳簿の記録，特に現金勘定を見ればわかるようになっている。しかし，実際にお金がいくらあるか数えてみたら，帳簿上の金額とズレてしまっていることが起こり得る。記録上の現金の保有金額と実際の現金の保有金額のズレのことを**現金過不足**（げんきんかぶそく）という。

なお，現金過不足が生じる原因は，

a　取引があったのに仕訳をやり忘れていた

b　仕訳をしたが，金額が間違っていた

c　盗難などにあった

d　おつりを払いすぎた，または，少なく払ってしまった

➡なお，a，bは原因が比較的簡単に判明するが，c，dは判明が困難であることが多い。

現金過不足が発生したとき，簿記で行う記録は次の手順となる。

手順1　現金過不足が発生し，

a　その原因がすぐわかった場合，ただちに必要な仕訳を行う。

b　その原因がわからなかった場合は，いったん「**現金過不足**」という勘定で仕訳を行っておく。

手順2　その後，決算日まで原因を調査し，原因が判明したら，ただちに修正仕訳を行う。

手順3　決算日になっても，結局，原因がわからない場合は「**雑損**（ざっそん）」か「**雑益**（ざつえき）」で処理する。

以下，現金過不足が発生した際の仕訳方法を設例にて説明する。

設例４－１　**〈実際の現金のほうが少なかった場合の仕訳〉**

次の取引を仕訳しなさい。

12月１日　帳簿記録上の現金残高は￥50,000であるが，実際の現金残高は￥49,000であった。すぐに原因を調査したところ，昨日商品を￥700で仕入れた取引を仕訳し忘れ，記帳漏れとなっていた。なお，残りの￥300の不足分については，現時点では原因不明である。

12月５日　12/１の￥300の現金過不足について，11月末に千種銀行へ借入金￥400を現金で返済した際に，誤って次のように仕訳してしまっていたことが判明した。

（借）	借入金	200	（貸）	現金	200

12月31日　決算日を迎えたが，現金過不足の残額￥100の原因は判明しなかった。

●12/１について

まず，記入し忘れていた仕訳を行う。これによって，帳簿記録上の現金は700減少する。

（借）	仕入	700	（貸）	現金	700

しかし，帳簿記録上の現金勘定の金額（この時点で49,300＝50,000－700）より，実際の現金はまだ300少ない。そこで，帳簿記録上の現金勘定の金額を実際の金額に合わせるために，仕訳上で300の現金を減らす必要がある。そこで，「現金　300」と右側（貸方）へ仕訳し，空いている左側（借方）には同額で「現金過不足」と仕訳を行う。

（借）	現金過不足	300	（貸）	現金	300

この修正仕訳について勘定転記を行うと（以下，日付は省略，新たに転記された部分は▒▒となっている），各勘定は次のようになり，この時点で，勘定の現金残高と実際の現金の金額は一致する。

また，新たに現金過不足勘定に300が記入されるが，これはあと300修正しなければいけないことが残っていることを表している。

現　　金

借方		貸方	
諸口	50,000	仕入	700
		現金過不足	300

現金過不足

借方		貸方	
現金	300		

仕　　入

借方		貸方	
諸口	5,000		
現金	700		

●12/5について

本来であれば，

(借) 借 入 金	400	(貸) 現 金	400

と仕訳しなければいけなかったのに，間違って

(借) 借 入 金	200	(貸) 現 金	200

と仕訳してしまったので，左右とも200だけ仕訳の金額が不足している。そこで，それぞれの不足分を追加的に仕訳すればよいので，「(借) 借入金　200（貸）現　金　200」と仕訳したくなるが，現金はすでに修正済みなので，借入金だけまず修正するために，左側（借方）に「借入金　200」と仕訳する。空いている右側（貸方）には同額で「現金過不足」と仕訳を行い，勘定へ転記する。

(借) 借 入 金	200	(貸) 現金過不足	200

現　金

借方		貸方	
諸 口	50,000	仕 入	700
		現金過不足	300

現金過不足

借方		貸方	
現 金	300	借 入 金	200

借 入 金

借方		貸方	
現 金	200	諸 口	1,000
現金過不足	200		

仕　入

借方		貸方	
諸 口	5,000		
現 金	700		

この時点で，現金過不足の残高は左側（借方）の100である。まだ，修正しなければいけない金額が100残っていることを表している。

●12/31について

この時点で，現金過不足は左側（借方）に100の残高がある。これがすべて原因不明なので雑損とする。

まず，現金過不足の残高がある側とは逆側に，残高の金額だけ現金過不足と仕訳する。空いている左側（借方）には，同額で「雑損」と仕訳を行う。

(借) 雑 損	100	(貸) 現金過不足	100

現　金

借方		貸方	
諸 口	50,000	仕 入	700
		現金過不足	300

現金過不足

借方		貸方	
現 金	300	借 入 金	200
		雑 損	100

借入金

借方		貸方	
現　　金	200	諸　　口	1,000
現金過不足	200		

仕入

借方		貸方	
諸　　口	5,000		
現　　金	700		

雑損

借方		貸方	
現金過不足	100		

これにより，現金過不足残高は０となり，修正すべき点はなくなったこととなる。

設例４－２　**〈実際の現金のほうが多かった場合の仕訳〉**

次の取引を仕訳しなさい。

12月１日　帳簿記録上の現金残高は￥50,000であるが，実際の現金残高は￥51,000であった。すぐに原因を調査したところ，昨日商品を￥800売り上げた取引を仕訳し忘れ，記帳漏れとなっていた。なお，残りの￥200の不足分については，現時点では原因不明である。

12月５日　12/１の￥300の現金過不足について，11月末に天白銀行から現金を￥600借り入れた際に，誤って次のように仕訳してしまっていた。

（借）	現　　金	500	（貸）	借 入 金	500

12月31日　決算日を迎えたが，現金過不足の残額￥100の原因が判明しなかった。

●12/１について

まず，やり忘れていた仕訳を行う。これによって，記録上の現金は800増加する。

（借）	現　　金	800	（貸）	売　　上	800

まだ，記録上の現金の金額（この時点で50,800＝50,000＋800）より，実際の現金は200多い。記録上の金額を実際の金額に合わせるために，200の現金を増やすため「現金　200」を左側（借方）へ仕訳し，空いている右側（貸方）には，同額で「現金過不足」と仕訳を行う。

（借）	現　　金	200	（貸）	現金過不足	200

現金

借方		貸方	
諸　　口	50,000	売　　上	800
現金過不足	200		

現金過不足

借方		貸方	
		現　　金	200

売　上

		諸　口	9,000
		現　金	800

●12/ 5について

本来であれば，

（借）	現　金	600	（貸）	借入金	600

と仕訳しなければいけなかったのに，間違って

（借）	現　金	500	（貸）	借入金	500

と仕訳してしまったので，左右とも100だけ仕訳の金額が不足している。そこで，それぞれの不足分を仕訳すればよいので，さらに「（借）現　金　100（貸）借入金　100」と仕訳したくなるが，現金はすでに修正済みなので，借入金だけまず修正するために，右側（貸方）に「借入金　100」と仕訳する。空いている左側（借方）には同額で「現金過不足」と仕訳を行う。

（借）	現金過不足	100	（貸）	借入金	100

現　金

諸　口	50,000	売　上	800
現金過不足	200		

現金過不足

借入金	100	現　金	200

借入金

		諸　口	800
		現金過不足	100

売　上

		諸　口	9,000
		現　金	800

●12/31について

この時点で，現金過不足の残高は右側（貸方）に100ある。これがすべて原因不明なので雑益とする。

まず，現金過不足の残高がある側とは逆側に，残高の金額だけ現金過不足で仕訳する。空いている右側（貸方）には，同額で「雑益」と仕訳を行う。

（借）	現金過不足	100	（貸）	雑　益	100

現　金

諸　口	50,000	売　上	800
現金過不足	200		

現金過不足

借入金	100	現　金	200
雑　益	100		

借入金

		諸　口	800
		現金過不足	100

売　上

		諸　口	9,000
		現　金	800

雑　益

		現金過不足	100

3　当座預金

取引の回数が頻繁になり，かつ，取引額が大きくなってくると，いちいち現金でやり取りをしていると紙幣や硬貨はかさばるので不便である。また，現金の持ち歩きは紛失，盗難等のリスクもある。そこで，企業や店は**小切手**（こぎって）というものを使って取引を行う。

小切手の用紙（小切手帳）は，銀行に**当座預金**（とうざよきん）の口座を作るともらえる。この白紙の小切手に取引金額を記入して取引相手に渡す。小切手をもらった人は，小切手を銀行に持っていき現金に替えたり，そのまま銀行口座に預金したりする。それと同時に，小切手を振り出した企業や店の当座預金口座から，その金額分だけ差し引かれる仕組みとなっている。つまり，小切手での支払いは，当座預金口座からの支払いということになる。

仕訳にあたっては，現金勘定と同じように扱えばよい。

(1)　当座預金が増える取引

当座預金口座に現金を預けたときや，当座預金口座に振り込まれたとき。

設例４－３

次の取引を仕訳しなさい。

名城銀行と当座取引契約を結んで当座預金口座を開設し，現金¥500を預け入れた。

（借）	当座預金	500	（貸）現　金	500

(2)　当座預金が減る取引

仕入等，何か支払いをする際に，小切手を振り出して支払ったとき。

設例4－4

次の取引を仕訳しなさい。

商品¥300を仕入れ，代金は小切手を振り出して支払った。

(借) 仕　入	300	(貸) 当座預金	300

設例4－5

次の取引を仕訳しなさい。

商品¥400を三好商事に販売し，代金として三好商事が振り出した小切手を受け取った。

(借) 現　金	400	(貸) 売　上	400

↑ ほかの企業や店が振り出した小切手をもらった場合は現金

注意！

ほかの企業や店から，それらが振り出した小切手を受け取ったときは，現金になるので注意しなければならない。ただし，すぐ当座預金口座に預け入れたときは，当座預金とする。

設例4－6

次の取引を仕訳しなさい。

商品¥400を岡崎商事に販売し，代金として岡崎商事が振り出した小切手を受け取り，ただちに当座預金口座に預け入れた。

(借) 当座預金	400	(貸) 売　上	400

↑ ほかの企業や店が振り出した小切手をもらい，すぐに預金した場合は当座預金

(3) 預金残高以上に小切手を振り出してしまった場合（当座借越）

あらかじめ，銀行と当座借越契約という契約を結んでおくと，当座預金残高以上の金額の小切手を振り出してしまったときでも，不足分を即座に銀行から借りることができる。そのため，当座預金勘定の残高は，マイナス（貸方残高）になる場合もある。このような状態を**当座借越**（とうざかりこし）という。当座借越の状態

になったら，通常はすぐに不足分を補充するため，預け入れを行う。小切手の振り出しによって，当座借越の状態になる場合でも，仕訳の右側は「当座預金」とすればよい。ただし，当座借越の状態で決算を迎えた場合には，不足分を「当座借越」または「借入金」勘定に振り替える。

設例４－７

商品¥500を仕入れ，代金は小切手を振り出して支払った。ただし，当座預金残高は¥400であった。
なお，当社は名城銀行と当座借越契約を結んでいる。

（借）	仕　　　入	500	（貸）	当 座 預 金	500

当座預金口座に400しか残高がなくても，当座借越契約を結んでいる場合には，右側（貸方）に500と仕訳してよい。

設例４－８

次の取引を仕訳しなさい。
当座預金口座に現金¥500を預け入れた。なお，当座預金残高はマイナス¥100であった。

（借）	当 座 預 金	500	（貸）	現　　　金	500

当座預金の残高がマイナス￥100，つまり銀行から￥100借りている状態だったが，￥500の入金によって，残高はプラス￥400となった。

設例４－９

次の取引を仕訳しなさい。
本日決算。当座預金残高がマイナス￥400であり，当座借越の状態だったので，適切な勘定に振り替える。

（借）	当 座 預 金	400	（貸）	当 座 借 越 （または借入金）	400

4 小口現金

郵便代や事務用品など少額の支払いの場合，各部署の人がわざわざ経理部や会計課に依頼して支払ってもらったり，買ってもらったりするのは面倒である。それより，その場で各部署の人が現金で支払ってしまったほうが手間はかからない。

そこで，経理部や会計課は，各部署の小口係（用度係や小払係などともいう）という支払担当者に支払用の一定の現金を渡しておく。これを**小口現金**（こぐちげんきん）という。日々の少額の支払いは，この小口現金から支出するようにし，使った分をあとで，各部署の小口係が経理部や会計課に報告を行い，お金が不足したら補充していく。

なお，経理部や会計課から不足分をそのつど補給してもらう方法を臨時補給制といい，毎週などの一定期間ごとに，その期間に使用して不足した金額を補給していく方法を定額資金前渡制（インプレスト・システム）という。

小口現金は，経営活動上次のような流れで利用されていく。なお，実際に支払うのは各部署の小口係だが，小口現金に関する仕訳を行うのは，あくまで経理部や会計課であることに注意する。

① 経理部や会計課が小口係に一定額を渡す。
　（→経理部や会計課が関係しているので仕訳する）

② 小口係が少額の支払いを行う。
　（→経理部や会計課は関係していないので，仕訳は行われない）

③ 一定期間が過ぎたら，小口係は経理部や会計課に支払額とその内容について報告する。
　（→経理部や会計課が関係しているので仕訳する）

④ 経理部や会計課は使った分だけ，小口係に現金を補給する。
　（→経理部や会計課が関係しているので仕訳する）

設例４－10

次の取引を仕訳しなさい。

5月1日　会計課は小口係に，小口現金として小切手¥25,000を振り出して渡した。なお，当社はインプレスト・システムを採用している。

5月4日　小口係は，切手代（通信費）¥5,000，交通費¥7,400，電気代（水道光熱費）¥6,200，お茶代（雑費）¥1,400を支払った。

5月7日　会計課は，小口係から今週分の小口現金の支払高について報告を受けた。なお，今週分の小口現金の支払いは，5月4日の支出のみである。

5月8日　会計課は小口係に，不足分について同額の小切手を振り出して小口現金を補給した。

5/1	(借)	小口現金	25,000	(貸)	当座預金	25,000
5/4	(借)	仕訳なし		(貸)		
5/7	(借)	通信費	5,000	(貸)	小口現金	20,000
		交通費	7,400			
		水道光熱費	6,200			
		雑費	1,400			
5/8	(借)	小口現金	20,000	(貸)	当座預金	20,000

注意！

小口現金の仕訳を行う際に注意することは，仕訳をする人は経理部や会計課であり，小口係ではないことである。５月４日に小口係が支払いを行ったことは，その時点では経理部や会計課は知らず，仕訳をすることができないので“仕訳なし”となる。

なお，小口係は，あとで会計課などに報告するために，小口現金の支払いや補給について記録しておく必要がある。その記録簿のことを小口現金出納帳という。これについては第12章で説明する。

第5章 商品の売買

1 掛けによる商品売買取引［期中の仕訳］

(1) 売掛金と買掛金［期中の仕訳］

これまで，商品の売買を行う際の代金の決済方法として，現金や小切手（当座預金）を取り扱ってきた。実際の経営活動においては，週末に1週間分をまとめて，あるいは月末や25日などに1カ月分をまとめて後払いするということが多い。このような商品売買取引での代金の後払いにすることを「掛け」という。

商品を売り上げたとき，代金を後で受け取る（回収する）場合，その後に回収される代金のことを「**売掛金**（うりかけきん）」という。一方，商品を仕入れ，代金を後で支払う場合，その代金後払い額のことを「**買掛金**（かいかけきん）」という。

この売掛金，買掛金は現金の代わりの支払手段なので，仕訳をする際には，現金と同じように考えて仕訳を行う。つまり，掛けで仕入れた（買掛金で仕入れた）場合は，買掛金で支払ったと考え，（現金の代わりに）買掛金を右側（貸方）に仕訳する。また，掛けで売り上げた（売掛金で売り上げた）場合は，売掛金を受け取ったと考え，（現金の代わりに）売掛金を左側（借方）に仕訳する。

設例5－1 〈掛けによる取引の仕訳〉

次の取引を仕訳しなさい。

5月1日　日進商事は名城商事から商品￥500を仕入れ，代金は掛けとした。

5月25日　名城商事は日進商事へ商品￥500を売り上げ，代金は掛けとした。

5/1	（借）	仕　入	500	（貸）	買 掛 金	500

5/25	（借）	売 掛 金	500	（貸）	売　上	500

(2) 売掛金の回収，買掛金の支払い［期中の仕訳］

掛け代金の支払日（決済日）になったら，買掛金を有していればその代金を支払うこととなり，逆に，売掛金を有していればその代金が回収される。

設例５－２

次の取引を仕訳しなさい。

５月１日　日進商事は名城商事に対する買掛金￥500について，現金で支払った。

５月25日　名城商事は日進商事に対する売掛金￥500について，現金で受け取った。

5/1	(借)	買掛金	500	(貸)	現金	500

5/25	(借)	現金	500	(貸)	売掛金	500

2　手形による商品売買取引［期中の仕訳］

(1)　手形による仕入，売上の取引［期中の仕訳］

商品の売買代金を後で支払ったり受け取ったりする方法には，掛けを使う方法のほかに手形を使う方法がある。手形には，**約束手形**（やくそくてがた）と為替手形（かわせてがた）があるが，ここでは一般に広く利用されている約束手形を取り上げる。

商品を仕入れた際，約束手形に必要事項を記入し，代金として取引相手に引き渡すことがある。これを手形の振出という。手形を振り出した時点で，この約束手形に記入してある金額をあとで支払う必要が生じるので，仕入時に振り出し，引き渡した約束手形は「**支払手形**（しはらいてがた）」と右側（貸方）に仕訳する。なお，手形を振り出した企業や人を振出人という。

一方，商品を売り上げたときに，取引相手から必要事項が記入された約束手形を受け取ることがある。このとき，約束手形に記入してある金額をあとで受け取ることができるので，売上時に受け取った約束手形は「**受取手形**（うけとりてがた）」と左側（借方）に仕訳する。なお，約束手形を受け取った企業や人を名宛人（なあてにん）という。

手形の決済は銀行を通じて行われ，支払日に振出人の銀行口座（当座預金）から手形代金が引き落とされる。

設例５－３　〈手形取引の仕訳〉

次の取引を仕訳しなさい。

６月１日　長久手商事は瀬戸商事から商品￥500を仕入れ，代金として約束手形￥500を振り出した。

６月25日　瀬戸商事は長久手商事へ商品￥500を売り上げ，代金として長久手商事振出の約束手形￥500を受け取った。

6/1	(借)	仕入	500	(貸)	支払手形	500

6/25	(借) 受取手形	500	(貸) 売上	500

(2) 受取手形の回収，支払手形の支払い［期中の仕訳］

手形代金の支払日（決済日）になったら，支払手形を有していれば，その代金を支払うこととなり，逆に，受取手形を有していれば，その代金が回収される。

設例5－4 〈手形の決済〉

次の取引を仕訳しなさい。

6月1日　長久手商事は取引銀行から，過日振り出した約束手形￥500の決済が完了した旨の通知を受けた。

6月25日　瀬戸商事は，過日受け取った約束手形￥500が無事決済され，当座預金口座に振り込まれた旨の通知を取引銀行から受けた。

6/1	(借) 支払手形	500	(貸) 当座預金	500

6/25	(借) 当座預金	500	(貸) 受取手形	500

3　売掛金，受取手形の期末残高への処理（貸倒引当金）［期末の処理］

(1) 貸倒引当金（かしだおれひきあてきん）

決算を迎えたときに，売掛金や受取手形がまだ決済されずに残っていることがある。売掛金や受取手形は，取引先が経営不振に陥ったり倒産したりした場合には回収できなくなり，損失を受けることがある（売掛金や受取手形が回収できなくなることを「貸倒れ（かしだおれ）」という。特に，手形が期日までに支払われないことを「不渡り（ふわたり）」という）。

そこで，期末に残った売掛金や受取手形のうち，回収が見込めない金額を明らかにし，あらかじめ損失を認識して備えておく必要がある。この回収が見込めない金額を「**貸倒引当金**（かしだおれひきあてきん）」という勘定科目で右側（貸方）に仕訳し，あわせて，当期にあらかじめ計上しておく予想の損失を「**貸倒引当金繰入**（かしだおれひきあてきんくりいれ）」（費用の勘定）で左側（借方）に仕訳する。

設例５－５　**〈貸倒引当金の設定～残高が０の場合〉**

次の仕訳を示しなさい。

名城商事は決算を迎え，受取手形の期末残高￥1,000と売掛金の期末残高￥2,000に対し，それぞれ２％の貸倒引当金を設定する。なお，貸倒引当金の決算整理前残高は￥０である。

(借)	貸倒引当金繰入	60	(貸)	貸倒引当金	60

設定する貸倒引当金の金額は，次のように計算する。

当期末に設定する貸倒引当金

＝受取手形の期末残高×貸倒引当金の設定率＋売掛金の期末残高×貸倒引当金の設定率

＝￥1,000×２％＋￥2,000×２％＝￥60

なお，この仕訳を勘定に転記すれば，次のようになる。貸倒引当金は，受取手形と売掛金の回収不能額（見積）を表しているため，受取手形と売掛金の回収可能額（見積）を知りたいときは，それらの合計から貸倒引当金を差し引けばよい。

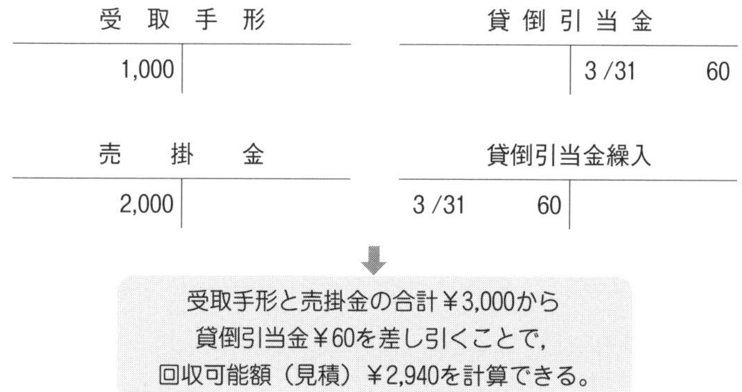
受取手形
1,000
貸倒引当金
3/31　60
売掛金
2,000
貸倒引当金繰入
3/31　60
受取手形と売掛金の合計￥3,000から
貸倒引当金￥60を差し引くことで，
回収可能額（見積）￥2,940を計算できる。

(2)　前期末に設定した貸倒引当金が残っている場合（決算整理前に貸倒引当金の残高がある場合）

前期末（昨年度決算）に設定した貸倒引当金が当期の決算時に残っている場合がある（前期に予想していたよりも，実際の貸倒れが少なかった場合にそうなる）。その場合には，前期からの残り分を含めて，貸倒引当金の勘定残高が設定率の金額（設例では￥60）と一致するように，貸倒引当金を追加または減額する仕訳を行う。

①　当期の貸倒引当金＞前期末に設定した貸倒引当金の残り

もし，今期設定する貸倒引当金が，決算整理前の貸倒引当金の残額より多い場合は，不足分を追加計上する仕訳を行う。

設例５－６ 〈貸倒引当金の設定 ～設定額が残高より多い場合〉

次の仕訳を示しなさい。

名城商事は決算を迎え，受取手形の期末残高￥1,000と売掛金の期末残高￥2,000の合計に対し，２％の貸倒引当金を設定する。なお，貸倒引当金の決算整理前残高は￥20である。

....

(借)	貸倒引当金繰入	40	(貸)	貸倒引当金	40

当期に設定する必要のある貸倒引当金の金額は，￥1,000×２％＋￥2,000×２％＝￥60であるが，前期分が￥20残っているので，不足している￥40（＝当期の貸倒引当金60－前期からの残り20）を追加する仕訳を行う。

②　今期の貸倒引当金＜前期末に設定した貸倒引当金の残り

もし，今期設定する貸倒引当金より，決算整理前の貸倒引当金の残額が多い場合は，その超過分を減額する仕訳を行う。つまり，左側（借方）に貸倒引当金を仕訳する。右側（貸方）には「貸倒引当金戻入（益）」（収益の勘定）という名称で仕訳する。

設例５－７ 〈貸倒引当金の設定 ～設定額が残高より少ない場合〉

次の仕訳を示しなさい。

日進商事は決算を迎え，受取手形の期末残高￥1,000と売掛金の期末残高￥2,000に対し，２％の貸倒引当金を設定する。なお，貸倒引当金の決算整理前残高は￥70である。

....

(借)	貸倒引当金	10	(貸)	貸倒引当金戻入	10

当期に設定する必要のある貸倒引当金の金額は，￥1,000×２％＋￥2,000×２％＝￥60であるが，前期分が￥70残っており，￥10超過しているので，この分を戻して貸倒引当金を減額する。

(3)　貸倒れの発生［期中の仕訳］

不幸にも，実際に前期から残っていた売掛金や受取手形が回収できなくなり，貸し倒れてしまった場合，売掛金または受取手形を減額するための仕訳を右側（貸方）に行う。反対の左側（借方）には，貸倒引当金の残高がある場合には「貸倒引当金」と仕訳し，貸倒引当金の残高がない場合には「貸倒損失」（費用の勘定）と仕訳する。

①　貸し倒れた金額＜設定済の貸倒引当金

実際に貸し倒れた金額（回収不能になった金額）が，設定済の貸倒引当金よりも少ない場合には，その金額だけ売掛金を減額させ，貸倒引当金で処理する。

設例５－８ **〈貸倒れ時の処理〉**

次の取引を仕訳しなさい。

日進商事は，前期における名城商事との取引により生じた売掛金￥10が貸し倒れた。なお，前期末に設定された貸倒引当金の残高は￥60である。

…………………………………………………………………………………………

（借）	貸倒引当金	10	（貸）	売掛金	10

②　貸し倒れた金額＞設定済の貸倒引当金

実際に貸し倒れた金額が設定された貸倒引当金よりも多い場合，まずは貸倒引当金で処理するが，不足分は貸倒損失として処理する。

設例５－９ **〈貸倒れ時の処理〉**

次の取引を仕訳しなさい。

池下商事は，前期における本山商事との取引により生じた売掛金￥15が貸し倒れた。なお，前期末に設定した貸倒引当金の残高は￥10である。

…………………………………………………………………………………………

（借）	貸倒引当金	10	（貸）	売掛金	15
	貸倒損失	5			

③　当期の取引で生じた売掛金が貸し倒れた場合

当期の取引で生じた売掛金が貸し倒れた場合，貸倒引当金では処理せず貸倒損失（費用の勘定）で処理する。貸倒引当金で処理しない理由は，貸倒引当金は前期の売掛金や受取手形に対して設定されたものだからである。

設例５－10 **〈貸倒れ時の処理〉**

次の取引を仕訳しなさい。

千種商事は，当期における今池商事との取引により生じた売掛金￥20が貸し倒れた。なお，前期に設定した貸倒引当金の残高は￥20である。

…………………………………………………………………………………………

(借) 貸倒損失 20	(貸) 売掛金 20

4 電子記録債権と電子記録債務

手形（紙）の場合には，必要事項を記入して発行し取引に利用するが，様々なものがペーパーレス化した現在では，手形を電子記録化して，手形そのものは発行しないことが多い。受取手形を電子記録した場合は「**電子記録債権**」で仕訳し，支払手形を電子記録した場合は「**電子記録債務**」で仕訳する。なお，決算時の電子記録債権については，売掛金や受取手形と同じように，貸倒引当金を設定する。

設例５－11

次の取引を仕訳しなさい。

一宮商事は，稲沢商事に対する買掛金￥700について電子記録の発生請求を行い，先方の承諾を得た。

稲沢商事は，一宮商事より売掛金￥700について電子記録の発生請求の通知があったので承諾した。

一宮商事の仕訳：

(借) 買掛金 700	(貸) 電子記録債務 700

稲沢商事の仕訳：

(借) 電子記録債権 700	(貸) 売掛金 700

一宮商事では，債務￥700が買掛金から電子記録債務に置き換わったという仕訳をする。また，稲沢商事では，それを受けて，債権￥700が売掛金から電子記録債権に置き換わったという仕訳をする。

5 手形・電子記録債権の（裏書）譲渡と割引 ［期中の仕訳］

(1) 手形の裏書譲渡 ［期中の仕訳］

保有している受取手形は商品を仕入れたときに，現金のように代金の支払いに使うことができる。なお，受取手形を支払いに使う際，手形の裏面に住所や氏名または企業名を記入する。そのため，受取手形による支払いのことを，**手形の裏書（譲渡）**という。

設例５－12〈手形の裏書〉

次の取引を仕訳しなさい。

日進商事は半田商事から商品￥100を仕入れ，代金として名城商事振出の約束手形￥100を裏書譲渡した。

(借) 仕　　入	100	(貸) 受取手形	100

(2) 手形の割引 ［期中の仕訳］

保有している受取手形は，支払期日前に銀行などの金融機関で現金や預金に交換することができる。ただし，受取手形の全額を換金できるわけではなく，減額される（割り引かれる）。そのため，受取手形の換金のことを**手形の割引**という。なお，手形の割引を行う際の減額分のことを，一般には手形割引料というが，簿記では手形売却損という名称で仕訳を行う。

設例５－13〈手形の割引〉

次の取引を仕訳しなさい。

日進商事は，半田商事振出の約束手形￥100を取引のある常滑銀行で割り引いた。その際，割引料￥５を差し引いた手取金が当座預金口座に振り込まれた。

(借) 当座預金	95	(貸) 受取手形	100
手形売却損	5		

(3) 電子記録債権の譲渡と割引 ［期中取引］

電子記録債権は，手形と同様に，ほかの人に譲り渡したり，売却して換金することができる。そのときの仕訳は，受取手形と同じように行えばよい。

設例５－14

次の取引を仕訳しなさい。

稲沢商事は，黒川商事から商品￥800を仕入れ，代金のうち￥700は所有する電子記録債権を譲渡して支払い，残りは現金で支払った。

(借) 仕　　入	800	(貸) 電子記録債権	700
		現　　金	100

設例5－15

次の取引を仕訳しなさい。

黒川商事は，所有する電子記録債権￥700を中村興業に￥695で売却・譲渡し，代金が当座預金口座に振り込まれた。

(借)	当座預金	695	(貸)	電子記録債権	700
	電子記録債権売却損	5			

6 仕入や売上に伴う費用（諸掛）［期中の仕訳］

(1) 諸掛とは

商品の売買を行う際，送料や手数料などの費用がかかる。これらを**諸掛**という。仕入にかかる費用を仕入諸掛，売上にかかる費用を売上諸掛といい，それぞれ仕訳の仕方が異なる。また，諸掛には自己負担の場合と先方負担の場合があり，それぞれ仕訳が異なる。

(2) 仕入諸掛

① 自己負担の仕入諸掛

自己負担の仕入諸掛は，原則として「仕入」原価に加算する。なお，仕入れた商品の代金と諸掛を合算した金額のことを取得原価という。ちなみに，固定資産など他の資産を購入したときも，原則として取得原価で仕訳する。

② 先方負担の仕入諸掛

もし，先方負担の仕入諸掛を立て替えて支払った場合は，自分の諸掛ではないので「仕入」には加算せず，「立替金」で処理するか「買掛金」と相殺するかのどちらかで仕訳する。

設例5－16 **〈仕入諸掛〉**

次の取引を仕訳しなさい。

① 商品￥500を仕入れ，代金は掛けとした。なお，着払いの送料￥10を現金で支払った。

② 商品￥300を仕入れ，代金は掛けとした。なお，先方負担の送料￥10を現金で立て替え払いした。

①

(借) 仕入	510	(貸) 買掛金	500
		現金	10

②

立替金勘定で処理する場合

(借) 仕入	300	(貸) 買掛金	300
立替金	10	現金	10

買掛金勘定で処理する場合

(借) 仕入	300	(貸) 買掛金	290
		現金	10

(3)　売上諸掛

①　自己負担の売上諸掛

自己負担の売上諸掛は，発送費や支払手数料などの別の費用の勘定で仕訳する。仕入と異なり，売上の金額を変動させることはないので注意する。

②　先方負担の売上諸掛

もし，先方負担の売上諸掛を立て替え払いした場合は，立替金で処理するか，売掛金を増額するかで仕訳する。

設例５－17　〈売上諸掛〉

次の取引を仕訳しなさい。

①　商品￥800を販売し，代金は掛けとした。なお，当方負担の発送費￥10を現金で支払った。

②　商品￥500を販売し，代金は掛けとした。なお，先方負担の発送費￥10を現金で立て替え払いした。

……

①

(借) 売掛金	800	(貸) 売上	800
発送費	10	現金	10

②

立替金勘定で処理する場合

(借) 売掛金	500	(貸) 売上	500
立替金	10	現金	10

売掛金勘定で処理する場合

(借) 売掛金	510	(貸) 売上	500
		現金	10

7 返品が行われた場合［期中の仕訳］

商品の売買を行ったのち，品違いなどの理由で返品が行われることがある。仕入れた商品を返品する場合（これを仕入戻しという）は，返品する金額について仕入れたときと左右逆の仕訳を行う。また，売り上げた商品が返品された場合（これを売上戻りという）は，返品された金額について売り上げたときと左右逆の仕訳を行う。

設例5－18 〈返品時の処理〉

次の取引を仕訳しなさい。

① 日進商事は名城商事から掛けで仕入れた商品￥10,000のうち，品違いのため￥500を返品した。

② 名城商事は日進商事へ掛けで売り上げた商品￥10,000のうち，品違いのため￥500の返品を受けた。

①	（借）	買掛金	500	（貸）	仕入	500
②	（借）	売上	500	（貸）	売掛金	500

8 クレジット売掛金［期中の取引］

商品を売り上げた際，クレジットカードで支払われたときは，売上代金の一部を手数料としてカード会社や信販会社に支払うことになるため，回収できる代金がその分減額される。そこで，クレジットカードで売り上げたときは，カード会社や信販会社に支払う手数料を「支払手数料」で仕訳し，回収できる残額を「**クレジット売掛金**」とする。一方，仕入れた際には手数料はかからないので，買掛金でよい。

設例5－19

次の取引を仕訳しなさい。

11月5日　￥400の商品を仕入れ，代金はクレジットカードで支払った。

11月9日　￥1,000の商品を売り上げ，代金はクレジットカードで支払われた。なお，信販会社に支払う手数料は売上額の4％となっており，売上時に仕訳する。

11/5	（借）	仕入	400	（貸）	買掛金	400
11/9	（借）	クレジット売掛金	960	（貸）	売上	1,000
		支払手数料	40			

第6章 有価証券の処理

1 有価証券とはなにか

有価証券とは，債券（国債や社債）や株式など，権利を表す証券のことをいう（なお，最近では，紙で発券されずに電子化されていることが多い）。有価証券は経営活動に役立てることを期待して保有するため，あるいは金銭を受け取る権利を表わすため，現金や受取手形，売掛金などと同様に資産の勘定として処理する。

2 有価証券の取得［期中の仕訳］

有価証券は，経営活動上どのように役立てていくかという保有目的によって次のように分類され，それぞれ①～④の勘定科目を用いる。なお，保有目的が不明確な場合は「有価証券」という勘定科目を用いる。仕訳の方法は次のとおりである。

勘定科目	保有目的
① 売買目的有価証券	短期的に売買し，時価変動による利益（利ざや）を得る目的で保有する有価証券をいう。
② 満期保有目的債券	満期まで保有するつもりの社債や国債などの債券をいう。
③ 子会社株式・関連会社株式	他の会社を支配したり，強い影響下に置いたりするために保有する株式をいう。
④ その他有価証券	保有目的が，上の①～③以外の有価証券をいう。例えば，他社と友好関係を結ぶためにお互いに持ち合っている株式などがこれに該当する。

(1) 左右の決定と，勘定科目の決定

左側（借方）に購入した有価証券の勘定科目（目的別に異なる），右側（貸方）に代金の支払手段の勘定科目（現金，当座預金など）を仕訳する。

(2) 金額の決定

取得した有価証券は取得原価の金額で仕訳する。取得原価には商品を仕入れたときと同様，購入代金だけでなく，購入手数料などの付随費用も含まれる。例えば，株式を購入した場合，通常，証券会社に手数料を支払うが，それも有価証券の取得原価に含まれる。

設例6－1 **〈有価証券の取得 ～保有目的が不明確な場合〉**

保有目的が明確でない有価証券の購入に関する次の取引について，仕訳を示しなさい。

① 一宮繊維株式会社の株式を，1株当たり￥100で1,000株購入し，代金は売買手数料￥1,000とともに現金で支払った。

② 江南商事株式会社の社債（額面総額￥100,000）を￥100当たり￥97で購入し，代金は売買手数料￥500とともに小切手を振り出して支払った。

①

（借）	有価証券	101,000	（貸）	現金	101,000

②

（借）	有価証券	97,500	（貸）	当座預金	97,500

設例6－2 **〈有価証券の取得 ～保有目的が明確な場合〉**

保有目的が明確な有価証券の購入に関する次の取引について，仕訳を示しなさい。

① 売買目的で，稲沢電機株式会社の株式を，1株当たり￥200で1,000株購入し，代金は売買手数料￥1,000とともに現金で支払った。

② 満期保有目的で，岩倉工業株式会社の社債（額面総額￥100,000）を￥100当たり￥96で購入し，代金は売買手数料￥500とともに小切手を振り出して支払った。

③ 名城工商株式会社を子会社とする目的で，同社の発行済み株式のすべてである10,000株を1株当たり￥50で購入し，代金は売買手数料￥15,000とともに小切手を振り出して支払った。

④ 長期投資目的で，日進通運株式会社の株式を，1株当たり130円で3,000株購入し，代金は小切手を振り出して支払った。

①

（借）	売買目的有価証券	201,000	（貸）	現金	201,000

②

（借）	満期保有目的債券	96,500	（貸）	当座預金	96,500

③

（借）	子会社株式	515,000	（貸）	当座預金	515,000

④

（借）	その他有価証券	390,000	（貸）	当座預金	390,000

3 有価証券の売却［期中の仕訳］

有価証券の時価は刻々と変動する。そのため，有価証券を売却する際，売却額が取得原価より高い場合もあれば，低い場合もある。それぞれの場合においてどのように仕訳されるか，**設例6－3**に沿って見ていこう。

設例６－３　**〈有価証券の売却〉**

次の有価証券の売却に関する取引について仕訳を示しなさい。

① 日進商事は，当期に取得した長久手工業株式会社の株式５株（帳簿価額¥5,000）を¥5,200で売却し，代金は現金で受け取った。

② 瀬戸商事は，当期に取得した春日井工業株式会社の株式３株（帳簿価額¥3,000）を¥2,700で売却し，代金は現金で受け取った。

....

①

（借）現　　　金	5,200	（貸）有 価 証 券	5,000
		有価証券売却益	200

まず，現金を¥5,200受け取ったので，これを左側（借方）に仕訳する。次に，保有していた帳簿価額¥5,000の有価証券（長久手工業株式会社株式）が売却により減少したので，それを右に仕訳する。そうすると右側（貸方）が¥200不足する。この取引では¥5,000の有価証券を¥5,200で売却したため，¥200の儲けが出ていることになる。よって，右側（貸方）¥200の不足はこの儲けを意味していることになるので，右側（貸方）に「有価証券売却益」（収益の勘定）と記入し，仕訳が完成する。

②

（借）現　　　金	2,700	（貸）有 価 証 券	3,000
有価証券売却損	300		

まず，有価証券の売却によって現金を¥2,700受け取ったので，これを左側（借方）に仕訳する。次に，保有していた帳簿価額¥3,000の有価証券（春日井工業株式会社株式）が売却により減少したので，それを右に仕訳する。そうすると左側（借方）が¥300不足する。この取引では¥3,000の有価証券を¥2,700で売却したため，¥300の損失が出ていることになる。よって，左側（借方）¥300の不足はこの損失を意味していることになるので，左側（借方）に「有価証券売却損」（費用の勘定）と記入し，仕訳が完成する。

4　配当金と有価証券利息［期中の仕訳］

(1)　配当金

配当金とは，株式会社が出資をしてくれている株主に対して行う利益の分配のことをいう。株式を保有していると，この配当金を受け取ることができる。

なお，配当金を受け取るときには，通常，企業から配当金領収証というものが送られてくるので，それを銀行等の金融機関で現金に換えてもらう。配当金領収証は即座に現金化できるものなので現金として扱い，これを受け取ったときに左側（借方）に「現金」と仕訳する。また，「現金」の反対側の右側（貸方）には「受取配当金」（収益の勘定）と仕訳する。

設例6－4 〈配当金の受領〉

次の取引を仕訳しなさい。

日進商事は所有している長久手工業株式会社の株式について，配当金領収証￥100を受け取った。

(借) 現　　　金	100	(貸) 受取配当金	100

(2) 有価証券利息

債券（国債，地方債や社債など）を保有していると，債券を発行している国や地方自治体，会社から利息を受け取ることができる。社債には通常，利札というものがついており，その利札には利息の支払日（利払日という）が記入されている。利払日が到来した利札は，銀行等の金融機関でいつでも現金に換えることができるため現金として扱われる。そのため，紙幣や硬貨といった実際の現金に換える前でも，利払日が到来したら，左側（借方）に「現金」と仕訳する。また，「現金」の反対側の右側（貸方）には，「有価証券利息」または「受取利息」（収益の勘定）と仕訳する。

設例6－5 〈有価証券利息の受領〉

次の取引を仕訳しなさい。

所有している犬山商事株式会社の社債について，利札￥50の利払日が到来した。

(借) 現　　　金	50	(貸) 有価証券利息	50

5 有価証券の期末評価［期末の処理］

有価証券の時価は日々刻々と変動するので，決算日の帳簿価額は時価とズレている。このズレは保有目的によって問題になる場合とそうでない場合がある。問題となる場合には，決算整理手続きのときに評価替えを行う必要がある。評価替えの有無，評価替えの方法について，保有目的ごとにまとめたものが次の表である。なお，本書では①売買目的有価証券と②満期保有目的債券だけを取り扱う。

① 売買目的有価証券	期末時点での時価で評価替えを行う。評価差額は評価益または評価損とする。
② 満期保有目的債券	評価替えは行わない。ただし，額面と取得原価が異なり，その差額が金利調整差額と認められる場合には，償却原価法により処理する。
③ 子会社株式・関連会社株式	評価替えは行わない。
④ その他有価証券	期末時点での時価で評価替えを行う。ただし，評価差額は評価損益とせず，純資産の増減として処理する。

(1)　売買目的有価証券

帳簿残高が時価と一致するように評価替えを行う。決算日時点で帳簿価額と時価を比較し，儲かっている場合は「有価証券評価益」，損している場合は「有価証券評価損」と仕訳する。

●時価＞帳簿価額　となり，儲けが出ているとき

（借）	売買目的有価証券	時価－簿価	（貸）	有価証券評価益	時価－簿価

●時価＜帳簿価額　となり，損が出ているとき

（借）	有価証券評価損	簿価－時価	（貸）	売買目的有価証券	簿価－時価

設例６－６　**〈売買目的有価証券の時価評価〉**

次の仕訳を示しなさい。

①　日進商事は決算を迎え，売買目的で保有している長久手工業株式会社の株式（帳簿価額￥10,000）について，時価（￥12,000）で評価する。

②　瀬戸商事は決算を迎え，売買目的で保有している春日井工業株式会社の株式（帳簿価額￥20,000）について，時価（￥19,000）で評価する。

……………………………………………………………………………………………

	（借）			（貸）		
①	（借）	売買目的有価証券	2,000	（貸）	有価証券評価益	2,000
②	（借）	有価証券評価損	1,000	（貸）	売買目的有価証券	1,000

(2)　満期保有目的債券

満期保有目的債券は，原則として決算時に評価替えをしない。ただし，額面と異なる金額で取得し，その額面金額と取得価額との差額が金利調整価額であると認められる場合には，**償却原価法**という方法で決算時に評価替えを行う。

①　償却原価法により評価替えする金額の計算方法

$$\text{評価替えを行う金額} = \text{額面金額と取得価額の差額} \times \frac{\text{満期保有目的債券の当期における保有月数}}{\text{取得日から満期日までの月数（または償却期限の月数）}}$$

② **償却原価法の仕訳**

●額面＞取得価額　の場合

（借）	満期保有目的債券	☆☆	（貸）	有価証券利息	☆☆

☆☆＝（額面金額－取得価額）×当期の経過月数／取得日から満期までの月数

●額面＜取得価額　の場合（このケースはあまりない）

（借）	有価証券利息	＊＊	（貸）	満期保有目的債券	＊＊

＊＊＝（取得価額－額面金額）×当期の経過月数／取得日から満期日までの月数

設例６－７ **〈満期保有目的債券の償却原価法による評価替え〉**

次の仕訳を示しなさい。

一宮商事（当会計期間はX1年４月１日～X2年３月31日）は決算を迎え，前期首に満期保有目的で購入した津島工業株式会社の社債（額面総額：￥10,000，帳簿価額：￥9,600，￥100当たり￥95で取得，償却期限：５年）について，額面と取得価額の差額が金利調整価額と認められるため，償却原価法にて評価替えを行う。

………………………………………………………………………………………………

（借）	満期保有目的債券	100	（貸）	有価証券利息	100

￥100＝（￥10,000－￥9,500）×12カ月（当期の経過月数）／60カ月（償却期限５年）

第 7 章 固定資産の処理

1 固定資産とはなにか

固定資産とは，企業の経営活動において，長期（1年超）にわたって使う目的で保有する資産をいう。固定資産には次の3つのタイプがあるが，本書では，❶の有形固定資産だけを取り扱う。

❶有形固定資産：長期にわたって経営活動で使う目的で保有する物理形態のある（つまり形のある）資産。
……ビル，備品，機械，クルマ，トラック，土地など。

❷無形固定資産：長期にわたって経営活動で使う目的で保有する物理形態のない（つまり形のない）資産。
……特許権，商標権，ソフトウエア，企業買収で生じる“のれん”

❸投資その他の資産：長期にわたって支配するために保有する子会社の株式や，長期にわたって関係を続けるために保有する関連会社の株式，満期まで保有する目的の債券など。

2 有形固定資産の取得［期中の仕訳］

長期にわたって経営活動で使う目的で，建物や備品，トラックなどを購入したときは，その有形固定資産を表す下記のような勘定科目をつけ，手順1 手順2 のように仕訳する。

勘定科目	取得したもの
建　物	ビル，マンション，工場建屋
機械（機械装置）	工場で使用する機械・設備
車両（車両運搬具）	車，トラック，バイク
備　品	金庫，家具，比較的高額の電化製品（パソコンなど）

手順1　左右の決定と，勘定科目の決定

左側（借方）に購入した資産の勘定科目（建物，備品など），右側（貸方）に代金の支払手段の勘定科目（現金，当座預金など）を記入する。

（手順２） **金額の決定**

仕訳される金額は，固定資産の購入代金のほか，取得にかかった手数料や付随費用も含めた取得原価となる（有価証券の場合と同様）。

設例７－１ **〈有形固定資産の取得〉**

次の取引を仕訳しなさい。

事業用のトラックを￥8,000,000で購入し，代金は小切手を振り出して支払い，トラックの取得にかかる手数料100,000円を現金で支払った。

（借）	車　　両	8,100,000	（貸）	当座預金	8,000,000
				現　　金	100,000

3　有形固定資産に対する期末の処理 ――減価償却と減損［期末の処理］

(1)　固定資産の価値の下落と決算整理の必要性

家やクルマなどモノは使ったり古くなったりすれば，通常，価値は減少するものである（例外として，使っても古くなっても価値が減るとは限らない固定資産として土地がある)。価値の下落は刻々と進んでいくが，そのつど価値が下落した分について仕訳をしていたら手間がかかってしまうので，いちいち仕訳を行うことはしない。

しかし，そのまま価値の下落を簿記処理しないと，有形固定資産の帳簿上の金額と実際の価値はどんどんズレていく一方である。そこで，決算時点にまとめて，価値が下落した分だけ帳簿上の金額を減らす処理が必要となる。この処理のことを減価償却といい，決算整理手続の１つとして簿記処理が行われる。

また，固定資産が経営活動において予定していたほど役に立たず，企業に収入をあまりもたらさないために１年間で予想以上に価値が下がってしまうことがある。このような予想外の収益性の低下による価値下落のことを減損という。本書では，前者の減価償却だけを取り扱う。

(2)　減価償却の計算方法

減価償却をするためには，まず，正常な固定資産の使用のもと，１会計期間においてその価値がどれだけ下落したかを計算する必要がある。この価値下落分を減価償却費という。減価償却費の計算方法として，主に次の３つの方法がある。

❶**定額法**：毎年，同じ金額だけ価値を減らしていく方法
❷**定率法**：毎年，同じ割合だけ価値を減らしていく方法
❸**生産高比例法**：その年に利用した分だけ価値を減らしていく方法

なお，建物や備品などは，利用量が正確にはつかめないため，一般に，定額法や定率法を使うことが多い。一方，トラックなどの車両は走行距離で利用量を客観的につかむことができるので，生産高比例法を用いる傾向にある。

①　定額法の計算方法

定額法での減価償却費の計算方法は次のとおりである。

減価償却費＝(取得原価－残存価額)÷耐用年数

耐用年数とは，その固定資産を使用できる年数のことをいう。耐用年数が過ぎても固定資産は，例えば，くず鉄として売却することができたり利用することができたりする。この最終的に残る価値のことを残存価額という。

設例７－２　〈定額法の例〉

当社は，当期（X1年４月１日～X2年３月31日）の期首に取得した建物（取得原価：￥10,000,000，耐用年数：20年，残存価額：取得原価の10％）について，決算を迎えたので，減価償却を行う。定額法で減価償却費を計算しなさい。

………………………………………………………………………………………………

減価償却費＝(取得原価￥10,000,000－残存価額￥10,000,000×10％)÷20年
　　　　　＝(￥10,000,000－￥1,000,000)÷20＝￥9,000,000÷20＝￥450,000

②　定率法の計算方法

定率法での減価償却費の計算方法は次のとおりである。

減価償却費＝(取得原価－決算整理前の減価償却累計額)×年償却率

なお，年償却率については，試験問題の文中で与えられている場合と，自分で計算しなければならない場合とがある。自分で計算する場合は，次の計算式のように，**200％定率法**という方法を用いて年償却率を計算する。

$$200\%\text{定率法の年償却率}=\frac{1}{\text{耐用年数}}\times 2$$

設例7－3 〈通常の定率法の例〉

当社（当期はX2年4月1日～X3年3月31日）は，前期首に取得した備品（取得原価：¥1,000,000，年償却率：20%，決算整理前の減価償却累計額：¥200,000）について，決算を迎えたので減価償却を行う。この減価償却について，定率法で減価償却費を計算しなさい。

………………………………………………………………………………………………

減価償却費＝(取得原価¥1,000,000－決算整理前の減価償却累計額¥200,000)×年償却率20%

＝¥800,000×0.2＝¥160,000

設例7－4 〈200%定率法の例〉

当社（当期はX3年4月1日～X4年3月31日）は，X1年4月1日に取得した備品（取得原価：¥700,000，決算整理前の減価償却累計額：¥306,250，耐用年数：8年）について，本日（X4年3月31日）決算を迎えたので減価償却を行う。200%定率法により減価償却費を計算しなさい。ただし，減価償却費は小数点以下を四捨五入すること。

………………………………………………………………………………………………

$$200\%\text{定率法の年償却率}=\frac{1}{8\text{年}}\times 2=0.25$$

減価償却費＝(取得原価¥700,000－決算整理前の減価償却累計額¥306,250)×年償却率0.25

＝¥393,750×0.25＝¥98,437.5≒¥98,438

③ 生産高比例法の計算方法

生産高比例法での減価償却費の計算方法は次のとおりである。

$$\text{減価償却費}=(\text{取得原価}-\text{残存価額})\times\frac{\text{当期利用量}}{\text{総利用可能量}}$$

設例7－5 〈生産高比例法の例〉

当社は，当期（X1年4月1日～X2年3月31日）の期首に取得した車両（取得原価：¥3,000,000，総利用可能距離：200,000キロ，当期走行距離:15,000キロ，残存価額：取得原価の10%）について，決算を迎えたので減価償却を行う。生産高比例法で減価償却費を計算しなさい。

………………………………………………………………………………………………

$$\text{減価償却費}=(\text{取得原価}¥3{,}000{,}000-\text{残存価額}¥3{,}000{,}000\times10\%)\times\frac{15{,}000\text{キロ}}{200{,}000\text{キロ}}$$

$$=¥2{,}700{,}000\times\frac{15{,}000\text{キロ}}{200{,}000\text{キロ}}=¥202{,}500$$

(3) 減価償却の仕訳

減価償却の仕訳方法（記帳方法）には，①**直接法**と②**間接法**の２通りの方法がある。**設例７－６**に従って説明する。

設例７－６　**〈減価償却の仕訳〉**

当社は，当期（X1年４月１日～X2年３月31日）の期首に取得した建物（取得原価：￥10,000,000，耐用年数：20年，残存価額：取得原価の10%）について，決算を迎えたので定額法で減価償却を行う（ここまででは，設例７－２と同じ）。①直接法と②間接法のそれぞれの仕訳を示しなさい。

①　直接法

直接法は，減価償却の対象となっている固定資産の帳簿上の金額を，直接減額する方法をいう。固定資産を取得して固定資産が増えたときには左側（借方）に仕訳したので，減額するときには右側（貸方）に仕訳する。空いている左側（借方）には減価償却費と仕訳する。

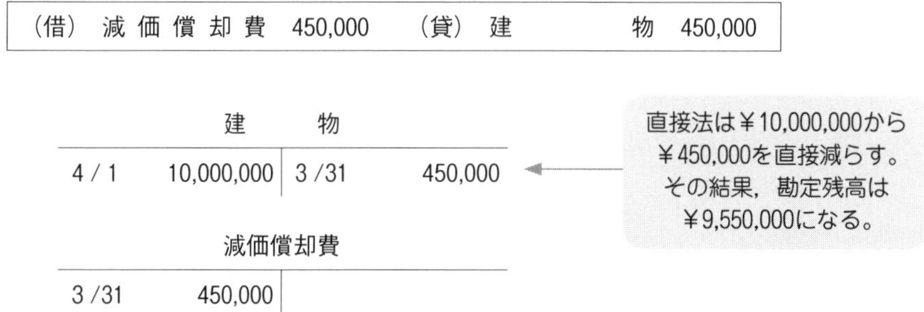

（借）減価償却費 450,000　（貸）建　物 450,000
建　物
4 / 1　10,000,000　3 /31　450,000
減価償却費
3 /31　450,000
直接法は￥10,000,000から
￥450,000を直接減らす。
その結果，勘定残高は
￥9,550,000になる。

②　間接法

直接法はわかりやすい仕訳方法であるが，固定資産（設例では建物）の金額を帳簿上で直接減らしてしまうと，その固定資産のもともとの取得原価がわかりにくくなる。

そこで，固定資産の金額については，取得原価のままにしておき，これまでの価値の下落分を示す勘定（この勘定のことを減価償却累計額という）を別に設ける記帳方法が一般的に用いられる。この記帳方法を間接法という。固定資産の取得原価を知りたいときは，帳簿上の固定資産の金額を見ればわかり，また，固定資産の現時点での価値を知りたいときは，固定資産の取得原価から減価償却累計額を引けばわかる。

この間接法のほうが，より情報量が多く便利な方法といえるので，一般的には間接法が広く採用されている。

間接法では，直接法のように固定資産を右側（貸方）に仕訳して直接減額する代わりに「減価償却累計額」と仕訳する。複数の種類の固定資産を保有している場合には，どの固定資産の価値下落分なのかをわかるようにするため，「固定資産名＋減価償却累計額」という勘定科目名を使う。

この設例では，減価償却の対象は建物なので，「建物減価償却累計額」とする。

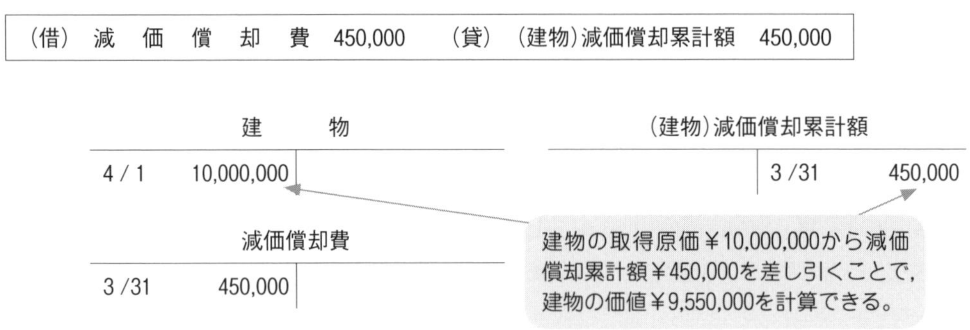

4　有形固定資産のその他の取引［期中の仕訳］

(1)　固定資産の処分

保有している固定資産を事業活動で使用しなくなった場合，その固定資産は処分される。処分の方法としては，①売却，②除却，③廃棄の３パターンがある。

①　固定資産の売却

文字どおり，不要になった固定資産を売って処分することをいう。売却時点の帳簿価額（帳簿に記録されている固定資産の価値の金額）よりも高く売れれば利益が生じ，安く売れた場合は損失が生じる。

ここでポイントとなるのは，減価償却の記録方法には直接法と間接法があるため，売却時の仕訳方法がそれぞれの方法で異なることである。

(i)　直接法を採用している場合

直接法を採用している場合，固定資産勘定に記録されている金額は減価償却され，価値が減らされた金額となる。**設例７－７**で見てみよう。

設例７－７　**〈固定資産の期末での売却 ～直接法〉**

次の取引を仕訳しなさい。

当社は，前期（X1年４月１日～ X2年３月31日）の期首に取得した備品（取得原価：￥1,000,000，耐用年数：５年，残存価額：取得原価の10％，定額法，記帳方法は直接法）を，当期首（X2年４月１日）に売却し，代金¥800,000を現金で受け取った。なお，売却時点での備品勘定の残高は￥820,000である。

………………………………………………………………………………………………

①　￥820,000の価値の備品が売却されて資産が減少したので，それを右に仕訳する。

②　代金として現金￥800,000を受け取ったので，それを左側（借方）に仕訳する。

⬇

仕訳上差額が生じ，左側（借方）が￥20,000不足する。この￥20,000は￥820,000のものを￥800,000で売ったために損をしたことを表している。

③　不足している左側（借方）に「固定資産売却損　20,000」という勘定科目で仕訳を行う。

（借）	現　　　　　金	800,000	（貸）	備　　　　　品	820,000
	固定資産売却損	20,000			

(ii)　間接法を採用している場合

間接法を採用している場合は，固定資産の価値下落分を「減価償却累計額」で処理しており，固定資産の勘定残高は取得原価のままなので，固定資産を処分したときには，固定資産の取得原価と一緒に「減価償却累計額」も減らす。**設例７－８**で見てみよう。

設例７－８　**〈固定資産の期末での売却～間接法〉**

次の取引を仕訳しなさい。

当社は，前期（X1年４月１日～ X2年３月31日）の期首に取得した備品（取得原価：￥1,000,000，耐用年数：５年，残存価額：取得原価の10％，定額法，記帳方法は間接法）を当期首（X2年４月１日）に売却し，代金¥800,000を現金で受け取った。なお，売却時点での減価償却累計額は￥180,000である。

………………………………………………………………………………………………

①　備品が売却されて資産が減少したので，それを右に仕訳する。

②　この備品の価値下落分である減価償却累計額￥180,000が右側（貸方）に計上されているので，これを取り消すために左側（借方）に仕訳をする。

③　代金として現金￥800,000を受け取っているので，左側に仕訳する。

⬇

直接法と同様に左側（借方）が￥20,000不足するので，

④　左側に「固定資産売却損　20,000」と仕訳を行う。

（借）	備品減価償却累計額	180,000	（貸）	備　　　　　品	1,000,000
	現　　　　　金	800,000			
	固定資産売却損	20,000			

(iii)　期中に売却した場合

設例７－７，８では，期首に売却したケースを取り扱ってきた。期首に売却した場合，前期末に減価償却を済ませたばかりなので，固定資産（備品）の金額は期首時点の価値を表している。しかし，期中に売却した場合，使用により価値が減っているにもかかわらず当期のここまでの減

価償却をまだ行っていないので，帳簿上の金額は実際の価値からズレている。そのため，期首から売却日までの減価償却を売却仕訳とともに行う必要がある。なお，その場合の減価償却費は月単位で計算する。

設例7－9 **〈固定資産の期中売却〉**

次の取引を仕訳しなさい。

当社は，前期（X1年4月1日～X2年3月31日）の期首に取得した備品（取得原価：¥1,000,000，耐用年数：5年，残存価額：取得原価の10%，定額法，記帳方法は間接法）を，当期の7月31日に売却し，代金¥800,000を現金で受け取った。なお，帳簿上の減価償却累計額は¥180,000である。

①　備品が売却されて資産が減少したので，それを右側に仕訳する。

②　この備品の価値下落分である減価償却累計額¥180,000が右側（貸方）に計上されているので，これを取り消すための仕訳を左側（借方）に行う。

③　代金として現金¥800,000を受け取ったので，それを左側（借方）に仕訳する。

これに加えて，

④　当期首のX2年4月1日から売却したX2年7月31日までの4カ月分の減価償却費（価値下落分）を次のように計算する。

$$\text{売却日までの当期の減価償却費} = \text{1年分の減価償却額} \times \frac{\text{期首から売却日までの月数}}{\text{12カ月}}$$

$$\text{1年分の減価償却費} = (\text{取得原価¥1,000,000} - \text{残存価額¥1,000,000} \times 0.1) \div \text{耐用年数5年} = \text{¥180,000}$$

$$\text{当期4カ月分の減価償却費} = \text{1年分の減価償却費¥180,000} \times \frac{\text{4カ月}}{\text{12カ月}} = \text{¥60,000}$$

⑤　この計算された当期の4カ月分の減価償却費¥60,000を左側に記入する。

（借）	備品減価償却累計額	180,000	（貸）	備　　品	1,000,000
	現　　金	800,000		固定資産売却益	40,000
	減価償却費	60,000			

➡右側（貸方）が¥40,000不足するので，

⑥　右側（貸方）に「固定資産売却益　40,000」と仕訳を行う。

②　固定資産の除却

固定資産を事業用として経営活動で使うのをやめることを除却という。除却した場合，しばらく保有された後にスクラップとして売却されるか，そのまま捨てられる。

設例７－10　**〈固定資産の除却〉**

次の取引を仕訳しなさい。

当社は，期首に機械（取得原価：￥2,000,000，減価償却累計額：￥1,800,000）を除却した。この機械装置の処分可能価額（予想売却額）は￥150,000で，倉庫に保管してある。

……

①　除却により固定資産（機械）が減少するため，機械を右に仕訳する。

②　この機械の価値下落分である減価償却累計額を取り消すために左側（借方）に仕訳をする。

③　この固定資産（機械）は事業用から外れて倉庫に保管されているので，貯蔵品（資産の勘定）となる。その貯蔵品の処分可能価額は￥150,000と見積もられているので，その金額で左側（借方）に仕訳する。

➡左側（借方）が￥50,000不足する。

④　その金額だけ左側に「固定資産除却損　50,000」と仕訳を行う。

（借）	機械減価償却累計額	1,800,000	（貸）	機　　械	2,000,000
	貯　蔵　品	150,000			
	固定資産除却損	50,000			

③　**固定資産の廃棄**

文字どおり，固定資産を捨ててしまうことをいう。固定資産が使い物にならなくなっても，いくらかで売れれば，除却して貯蔵品として保管する意味はあるが，値段がつかない場合は，保管する意味がないので即座に廃棄される。

設例７－11　**〈固定資産の廃棄〉**

次の取引を仕訳しなさい。

当社は，期首に機械（取得原価：￥2,000,000，減価償却累計額：￥1,800,000）を廃棄した。

……

①　除却により固定資産（機械）が減少するため，機械を右に仕訳する。

②　機械の価値下落分である減価償却累計額を取り消すために左側（借方）に仕訳をする。

➡左側（借方）が￥200,000（取得原価－減価償却累計額（つまり固定資産の帳簿価額））不足するので，

③　左側（借方）に「固定資産廃棄損　200,000」と仕訳を行う。

(借)	機械減価償却累計額	1,800,000	(貸)	機　　械	2,000,000
	固定資産廃棄損	200,000			

(2) 固定資産の改良と修繕

固定資産を改良した場合は，固定資産の性能が高まったり，耐用年数が延びたりすることで価値が高まるため，その改良に要した支出額だけ固定資産の金額を増加させる。なお，改良に要した支出のことを資本的支出という。

一方，固定資産のメンテナンスや故障により修繕（修理）した場合は，その固定資産の価値，性能は維持されるので固定資産の金額は増額せず，修繕費（費用の勘定）として処理する。なお，修繕に要した支出のことを収益的支出という。

設例7－12

次の取引を仕訳しなさい。

当社は，期首に機械の工作能率を向上させるための改良を行い，その代金￥100,000を小切手を振り出して支払った。なお，この支出は資本的支出と認められる。

(借)	機　　械	100,000	(貸)	当座預金	100,000

設例7－13

次の取引を仕訳しなさい。

当社は，期首にトラックの部品を交換し，その代金￥20,000を小切手を振り出して支払った。なお，この支出は収益的支出と認められる。

(借)	修繕費	20,000	(貸)	当座預金	20,000

第8章 資本の処理

1 資本金，純資産とはなにか

本章では，純資産の増減を引き起こす取引とその簿記処理について学ぶ。**純資産**とは，資産合計と負債合計の差額を言い，その主な項目は資本金である。

企業（株式会社）は，多くの株主から出資してもらい，通常は株主以外の人物たちが，社長や専務など複数の経営者として企業経営を行っていく。株式会社の場合はお金の出資や経営の形態が複雑であるため，個人商店の場合とは異なり，会社法によって純資産についての様々な取り決めがなされている。

一方，個人経営の店舗では，経営者である店主が自らお金を出資して経営を行っている。この出資額は「**資本金**」として処理され，その後生じる純資産の増加または減少も基本的には「資本金」のみで処理される。

株式会社の純資産は，資本金，資本剰余金，利益剰余金，その他の純資産に分類される。

株式会社における純資産の分類

資本金	資本金
資本剰余金	資本準備金 など
利益剰余金	利益準備金 別途積立金 繰越利益剰余金 など
その他の純資産	評価換算差額等 非支配株主持分 新株予約権

2 資本金，資本剰余金の処理

株式会社では，設立時や企業規模の拡大を行うときに，株主となる投資家にお金を出してもらい（これを出資という），その出資額に対して株式を交付する。出資金を受け取り，株式を交付したときには，「資本金」で仕訳を行う。

(1) 会社設立時の処理

投資家から現金（あるいは土地などのなんらかの財産）を提供され，株式を交付したとき，企業の財産が増加するので，これらを左側（借方）に仕訳する。空いている右側には，原則として「資本金」を記入する。

なお，資本金は出資してもらった額の半分を下限として，残額を資本剰余金の勘定科目である「**資本準備金**」で処理することができる。

(2) 増　資

企業規模の拡大などのために，新たに投資家に出資してもらい，株式を発行した際も，会社設立時と同様の仕訳を行う。

3 利益剰余金の処理

(1) 当期純利益の計上

第３章で説明したように，決算における損益振替手続により，損益勘定が貸方残高（右側が多い状態）となった場合，当期純利益が生じている。その当期純利益（損益勘定の貸方残高）を，資本振替手続により，繰越利益剰余金勘定に振り替える。なお，この**繰越利益剰余金**は利益剰余金の１つである。

(2) 当期純損失の計上

第３章で説明したように，決算における損益振替手続により，損益勘定が借方残高（左側が多い状態）となった場合，当期純損失が生じている。その当期純損失（損益勘定の借方残高）を，資本振替手続により，繰越利益剰余金勘定に振り替えるため，繰越利益剰余金が減少する。

設例８－１ 〈期中の仕訳〉

次の取引を仕訳しなさい。

① 日進商事は，設立にあたり株式1,000株を１株当たり¥100で発行し，すべての株式について投資家からの引受け・払込みを得て，全額が普通預金口座に振り込まれた。なお，払込額の全額を資本金とする。

② 日進商事は，事業を拡大するため，株式500株を１株当たり¥120で新たに発行し，すべての株式について引受け，払込みを投資家から受け，全額が当座預金口座に振り込まれた。なお，払込額の全額を資本金とする。

③ 決算において，損益振替手続の結果，損益勘定は次のとおりとなった。資本振替手続を行い，当期純利益を繰越利益剰余金勘定に振り替える。

損　　益

借方	金額	貸方	金額
仕　　入	50,000	売　　上	70,000
給　　料	5,000		

④ 決算において，損益振替手続の結果，損益勘定は次のとおりとなった。資本振替手続を行い，当期純損失を繰越利益剰余金勘定に振り替える。

損　　益

借方	金額	貸方	金額
仕　　入	45,000	売　　上	50,000
給　　料	6,000		

①	（借）	普通預金	100,000	（貸）	資本金	100,000
②	（借）	当座預金	60,000	（貸）	資本金	60,000
③	（借）	損益	15,000	（貸）	繰越利益剰余金	15,000
④	（借）	繰越利益剰余金	1,000	（貸）	損益	1,000

4　剰余金の配当と処分

企業は株主に対して，稼いだ利益の一部を出資の見返りとして支払う。これを配当という。配当は，繰越利益剰余金を原資として支払われる。

しかし，むやみに配当を多く支払ってしまうと，企業の財政が悪化して銀行等の債権者に返済できなくなるおそれや，企業の成長を損なうおそれがある。そのため，配当を支払う場合には，その金額の一定の割合を利益準備金として積み立て，企業の財政を悪化させないようにすることが，会社法で決められている。

また，将来において繰越利益剰余金を利用する目的がある場合には，別途積立金等の科目に，繰越利益剰余金の一部を振り替える。

①　配当の支払いを決めたとき

企業が株主に対して支払う配当は，繰越利益剰余金から支払われる。配当を支払うことを決めたら，未払配当金（負債）を計上し，繰越利益剰余金を減らす。また，配当を支払うと決めた場合は，あわせて，必要な金額だけ，繰越利益剰余金から**利益準備金**に振り替える。

（借）	繰越利益剰余金	X＋Y	（貸）	未払配当金	X
				利益準備金	Y

なお，利益準備金の計上額（Ｙ）を自ら算定する場合は，次のAとBの金額を計算し，いずれか小さいほうを採用する。

A　配当額の１/10

B　資本金×１/４　－（これまでの資本準備金の額＋これまでの利益準備金の額）

②　配当を支払ったとき

（借）	未払配当金	×××	（貸）	現金等	×××

③　配当を支払うと決め，別に剰余金を積み立てるとき

(借)	繰越利益剰余金	X + Y+ Z	(貸)	未払配当金	X
				利益準備金	Y
				別途積立金	Z

設例8－2　〈期中の仕訳〉

次の取引を仕訳しなさい。

①　株主総会で繰越利益剰余金¥5,000の一部を次のとおり処分することが決定した。

　株主配当金　　　　¥1,000

　利益準備金の積立　¥　100

②　株主への配当金を，当座預金口座から振り込んだ。

①

(借)	繰越利益剰余金	1,100	(貸)	未払配当金	1,000
				利益準備金	100

②

(借)	未払配当金	1,000	(貸)	当座預金	1,000

第9章 さまざまな収益と費用

1 勘定科目の性格

簿記において，取引が生じたときにさまざまな勘定科目を用いて仕訳を行っていくが，それぞれの勘定科目は資産，負債，純資産（または資本），収益，費用のいずれかの性格をもっている。大きく分けると，次の２つのタイプに分けられる。

❶**資産・負債・純資産**：最終的に貸借対照表に計上される項目
❷**収益・費用**：最終的に損益計算書に計上される項目

決算時に，期中で行った仕訳，転記の結果を試算表にまとめたのち，試算表にまとめられた各項目（勘定残高）を貸借対照表に計上する項目と損益計算書に計上する項目とに分類しなければならない。

しかしながら，どちらに分類するかの判断が難しい項目，いわばグレーゾーンの項目がある。なぜなら，期中の仕訳は取引を事実どおりに記録しているだけで，必ずしも貸借対照表や損益計算書に計上することを考えて行っているわけではないからである。このようなグレーゾーンの項目（勘定残高）は，決算整理によって，貸借対照表に計上する金額，あるいは損益計算書に計上する金額として正しく修正しなければならない。

本章では，このようなグレーゾーンの科目のうち，これまで取り上げてこなかったものについて，その処理方法を説明する。

2 通信費

(1) 通信費を支払ったときの処理［期中の処理］

通信のためにかかった費用のことを通信費という。例えば，通話料金，インターネット接続料金，ハガキや切手などの郵便料金の支払いがこれである。通信費を支払ったときには，「通信費」勘定（費用の勘定）で処理をする。

設例９－１　**〈期中の処理〉**

次の取引を仕訳しなさい。

５月１日　￥63のハガキを100枚購入し，代金は現金で支払った。

5／1	（借）	通　信　費	6,300	（貸）	現　　　金	6,300

⑵　決算時の処理

「通信費」は，決算時に，当期の使用分の金額に修正する。例えば，100枚購入したハガキのうち使用したのが90枚ならば，90枚分の金額に修正する。と同時に，未使用10枚分の金額は「貯蔵品」勘定（資産の勘定）で処理をする。

設例９－２　**〈決算時の処理〉**

次の取引を仕訳しなさい。

12月31日　決算となり，未使用のハガキを数えたところ，￥630（￥63×10枚）だった。

12/31	（借）	貯　蔵　品	630	（貸）	通　信　費	630

右側に「通信費630」と仕訳するのは，**設例９－１**で左側に仕訳した「通信費6,300」を630だけ減らし，5,670（￥63×90枚）に修正するためである。

⑶　翌期首の再振替

「通信費」については，決算を終え次の期になったら，再振替仕訳をしなければならない。再振替仕訳とは，決算整理仕訳の逆仕訳のことである。再振替仕訳（逆仕訳）を行うのは，新しくハガキや切手を購入したときに，前期からの繰越分とあわせて，これまでどおり「通信費」で処理するためである。

設例９－３　**〈翌期首の処理〉**

次の取引を仕訳しなさい。

１月１日　翌期首となり，前期末に「貯蔵品」として処理した未使用のハガキ￥630について再振替を行う。

1／1	（借）	通　信　費	630	（貸）	貯　蔵　品	630

通信費について，期中から翌期首までの記録の流れを勘定面で確認すると，次のようになる。

	通信費（費用）				貯蔵品（資産）			
期中に通信費を払ったとき	5／1	6,300						
決算整理を行ったとき	5／1	6,300	12/31	630	12/31	630		
翌期首に再振替を行ったとき	1／1	630			1／1　前期繰越	630	1／1	630

3　費用の前払・未払と収益の前受・未収

(1)　サービスを継続して受けたり，提供したりする場合に生じる問題

期中において，サービスを受けたことに対する対価を支払った場合は，費用の勘定で処理する。例えば，支払利息や支払家賃などのように「支払○○」という勘定を使ったり，広告費のように「○○費」の勘定を使ったりする。また，逆にサービスを提供したことの見返りとしてお金を受け取ったときは，収益の勘定で処理する。例えば，受取利息や受取手数料といった「受取○○」という勘定科目を使う。

通常は，サービスの提供を受けるたびに代金を支払ったり，サービスを提供するたびに代金を受け取ったりするので，決算時においてズレが生じてしまうことはない。

しかし，家などの不動産の貸し借り，お金の貸し借り，損害保険などのように，サービスを数カ月や数年にわたって継続して利用ないし提供する契約を結ぶ場合，毎日代金の授受をするのは煩雑なので，１年分や半年分等，まとめて代金を授受することが一般的である。

このように費用や収益を一括して支払ったり，受け取ったりする場合には，決算時において，費用・収益の金額が多過ぎたり，不足したりする状態が発生する。

このような，費用や収益が多過ぎたり不足したりしているといったズレは，決算時に修正する必要がある。

なお，決算時の修正によって発生する「前払○○」，「前受○○」，「未払○○」，「未収○○」といった勘定は，時の経過に基づいて計上されるので，**経過勘定**（けいかかんじょう）という。

(2)　費用の前払い

提供を受ける予定のサービスについて，その代金をあらかじめまとめて支払った場合，決算時点において翌期以降の分まで費用を払い過ぎていることがある。この払い過ぎた費用は「前払○○」として処理する必要がある。次の設例で考えてみよう。

設例９－４ **〈費用の前払い〉**

次の取引を仕訳しなさい。会計期間は2020年１月１日から12月31日までとする。

2020年４月１日　名古屋商事は，日進商事と賃貸契約を結び，１年分（12カ月分）の家賃￥36,000を現金で支払った。

12月31日　決算につき，次期分の支払家賃を前払分として処理する。

4/1	(借)	支払家賃	36,000	(貸)	現　　金	36,000
12/31	(借)	前払家賃	9,000	(貸)	支払家賃	9,000

名古屋商事は，2020年４月１日に家賃￥36,000（12カ月分）を現金で支払ったので，左側（借方）に「支払家賃」(費用)，右側（貸方）に現金と仕訳している。ここで注意したいのは，12カ月分の費用が仕訳されているということである。

しかし，決算日（12/31）の時点では，まだ当期中の４/１～12/31の９カ月分しか店舗を使っておらず，残りの３カ月（2021年１/１～３/31）分は次年度に使う予定であるので，この３カ月（2021年１/１～３/31）分は余計に前払いしてしまっていることになる。そこで，この店舗未使用の３カ月（2021年１/１～３/31）分だけ「支払家賃」(費用）が多すぎるので，取り消す必要がある。

４月１日に家賃を支払い，「支払家賃」を増やしたときは左側（借方）に仕訳を行ったため，「支払家賃」を取り消す場合には，その逆側，つまり右側（貸方）に仕訳すればよい。金額は，

￥36,000÷12カ月×３カ月＝￥3,000×３カ月＝￥9,000

となる。そうすると，左側（借方）が空欄となる。この￥9,000は家賃の前払いにあたるため，左側には「前払家賃」と仕訳する。なお，この前払家賃は資産の勘定科目である（後でサービスを受けられるため)。

なお，次のように線分図を作成し，どの期間が当期で，どの期間が次期であるかを明らかにするとわかりやすい。

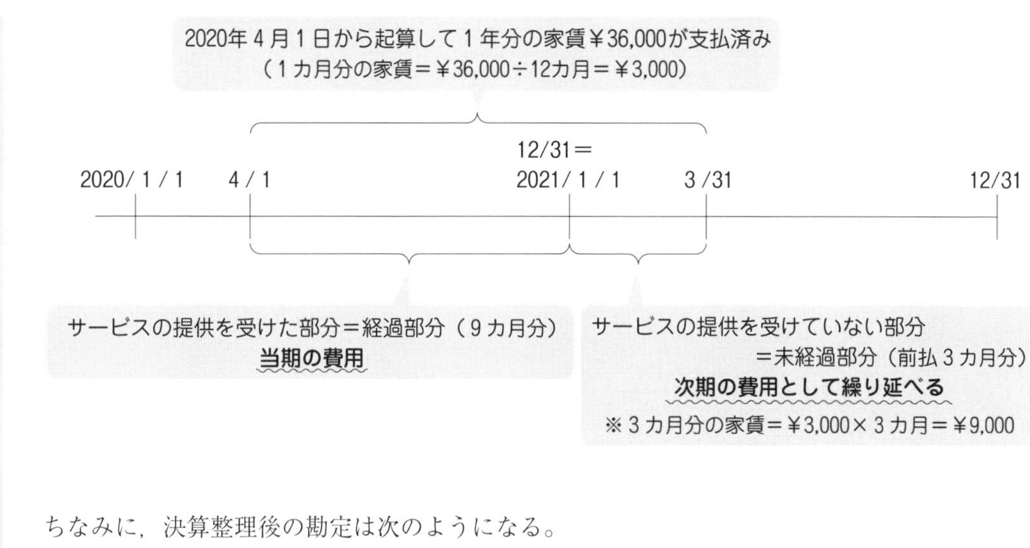

ちなみに，決算整理後の勘定は次のようになる。

支払家賃（費用）

４/１　現　　金　36,000	12/31	9,000

残高￥27,000（９カ月分）

前払家賃（資産）

12/31　　9,000	

残高￥9,000（３カ月分）

◎まとめ—費用の前払い

当期の費用となる金額は，当期にすでにサービスを受けた分である。したがって，決算時点においてサービスの提供をまだ受けておらず費用の前払分がある場合には，その金額だけ費用を取り消すとともに前払費用を計上する。なお，前払費用は今後サービスを受ける権利を表わすので資産である。決算整理における仕訳は，次のようになる。

（借）前　払　○　○	XX	（貸）支　払　○　○	XX

(3)　収益の前受け

提供する予定のサービスについて，その代金をあらかじめまとめて受け取った場合，決算時点において翌期以降の分までもらい過ぎていることがある。もらい過ぎている収益は「前受○○」として処理する必要がある。次の設例で考えてみよう。

設例９－５　〈収益の前受け〉

次の取引を仕訳しなさい。会計期間は2020年１月１日から12月31日までとする。

４月１日　日進商事は，不要となった店舗を賃貸する契約を名古屋商事と結び，名古屋商事から向こう１年分（12カ月分）の家賃￥36000を現金で受け取った。

12月31日　決算につき，次期分の受取家賃を前受分として処理する。

4/1	(借)	現　　　金	36,000	(貸)	受 取 家 賃	36,000
12/31	(借)	受 取 家 賃	9,000	(貸)	前 受 家 賃	9,000

日進商事は，2020年4月1日に家賃¥36,000（12カ月分）を現金で受け取ったので，左側（借方）に「現金」，右側（貸方）に「受取家賃」と仕訳した。

しかし，決算日（12/31）の時点では，まだ当期中の4/1 ～12/31の9カ月分しか店舗を賃貸しておらず，残りの3カ月（2021年1/1 ～ 3/31）分は次年度に貸す予定であるので，この3カ月（2021年1/1 ～ 3/31）分は余計に前受けしていることになる。そこで，この店舗をまだ貸していない期間である3カ月（2021年1/1 ～ 3/31）分だけ「受取家賃」を取り消す必要がある。

4月1日に家賃を受け取り，「受取家賃」を増やしたときは右側（貸方）に仕訳を行ったので，「受取家賃」を取り消す場合には，その逆側に仕訳をすることになるので，左側（借方）に仕訳を行う。金額は，

¥36,000÷12カ月×3カ月＝¥3,000×3カ月＝¥9,000

となる。この¥9,000は家賃の前受けにあたるので，右側（貸方）に「前受家賃」と仕訳を行う。なお，この前受家賃は，今後サービスを提供しなければならない義務を表すので，負債の勘定科目である。

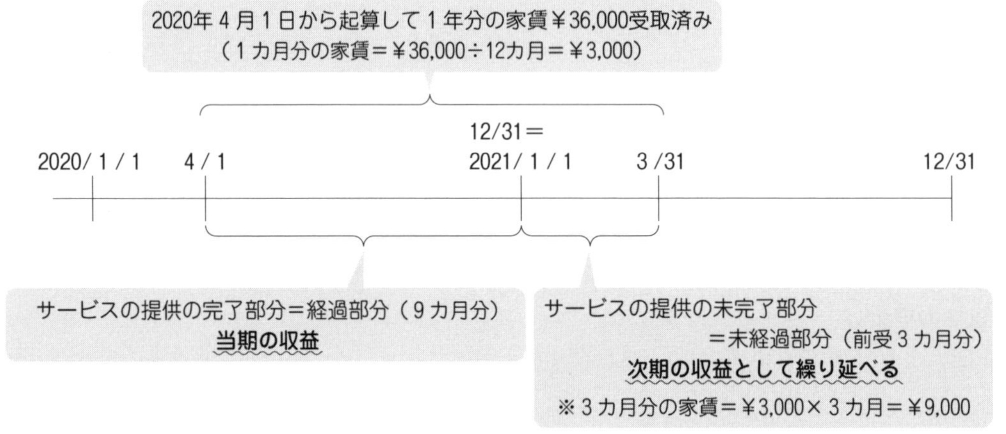

ちなみに，決算整理後の勘定は次のようになる。

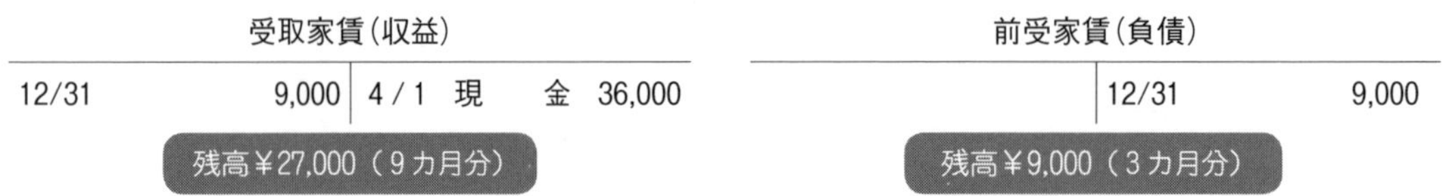

受取家賃（収益）

12/31　9,000	4/1　現　金　36,000	

残高¥27,000（9カ月分）

前受家賃（負債）

	12/31　9,000

残高¥9,000（3カ月分）

◎まとめ―収益の前受け

当期の収益となる金額は，当期にすでにサービスを提供した分である。したがって，決算時点においてサービスをまだ提供しておらず収益の前受分がある場合は，その金額だけ収益を取り消すとともに前受収益を計上する。なお，前受収益は今後サービスを提供する義務であるので負債である。決算整理における仕訳は，次のようになる。

(借)	受取○○	XX	(貸)	前受○○	XX

⑷　費用の未払い

提供を受けるサービスについて，代金をまとめて後払いする場合，すでに提供を受けたサービスに対して支払う代金が決算時点において未払いになっていることがある。この未払い分の費用を前もって計上することを費用の見越計上という。次の設例で考えてみよう。

設例９－６　**〈費用の未払い〉**

小牧商事は，2020年３月１日に長久手商事から現金￥120,000を年利子率５％の条件で借り入れた。なお，利払い日は８月末と２月末の半年ごとである。また，会計期間は１月１日から12月31日までとする。次の取引を仕訳しなさい。

2020年８月31日　小牧商事は半年分（３月１日から８月31日まで）の利息￥3,000を現金で支払った。
　　　　12月31日　小牧商事は決算につき，当期に属する支払利息を見越計上し，未払分として処理する。なお，金額は月割計算する。

8/31	(借)	支払利息	3,000	(貸)	現金	3,000
12/31	(借)	支払利息	2,000	(貸)	未払利息	2,000

小牧商事は，2020年３月１日から長久手商事より現金を借りるというサービスを受けている。現金を借りて利用するというサービスに対する代金，対価を利息という。この利息を毎日支払いに行くのは手間がかかるので，通常，半年ごとに利息を支払う。

この設例では，現金￥120,000を年利子率５％の条件で借り入れているので，１年間分の利息は，￥6,000（＝￥120,000×５％）となり，また，１カ月分の利息は￥500（＝￥6,000÷12カ月）となる。

８月31日に１回目の利払日が到来し，￥3,000（６カ月分）を現金で支払い現金が減少したので，右側（貸方）に「現金」，左側には「支払利息」と仕訳する（この支払利息は費用の勘定である）。

しかし，当期中には３月１日から12月31日までの10カ月にわたってお金を借りるというサービスを受けたため，決算日（12/31）の時点では，支払うべき利息が10カ月分生じている。それにもかかわらず，３月１日から８月31日までの６カ月分の利息だけが支払い済みで，９月１日から12月

31日までの４カ月分の利息はまだ支払っていない。そのため，その未払いの４カ月分だけ，支払利息勘定残高が少ない状態となっている。

そこで，未払いとなっている支払利息￥2,000（＝￥500×９月１日から12月31日までの４カ月）を計上しておく必要がある。未払い分の支払利息を左側（借方）に仕訳するとともに，右側（貸方）に「未払利息」と仕訳を行う。この未払利息は，後の利払日に支払わなければならない義務を表すので，負債の勘定科目である。

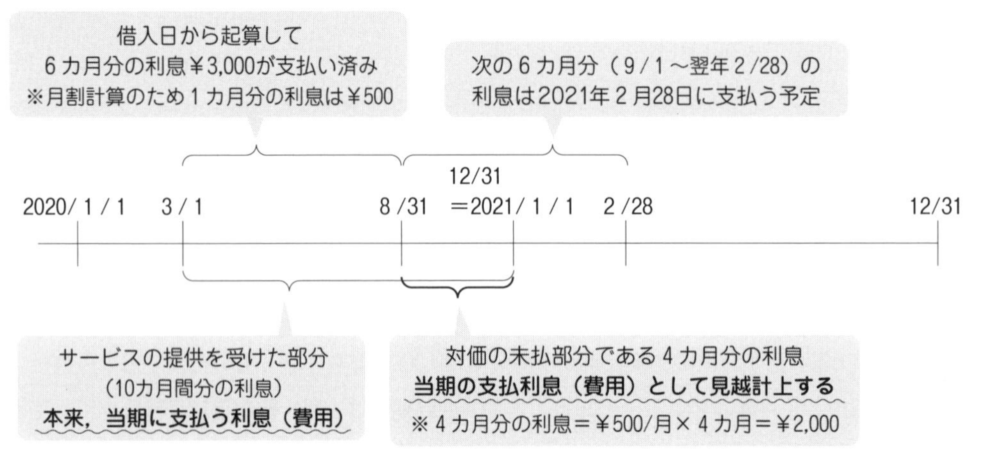

ちなみに，決算整理後の勘定は次のようになる。

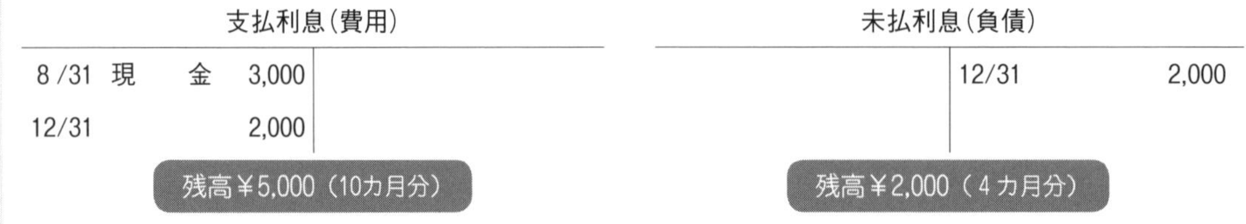

支払利息（費用）
8/31 現　金 3,000
12/31 2,000
残高￥5,000（10カ月分）
未払利息（負債）
12/31 2,000
残高￥2,000（４カ月分）

◎まとめ―費用の未払い

当期の費用となる金額は，当期にすでにサービスを受けた分である。当期中にサービスを受けたにもかかわらず決算時点でその対価を支払っていない場合には，その分だけ費用を追加するとともに未払費用を計上する。なお，未払費用は今後支払わなければならない義務があるので，負債である。決算整理における仕訳は，次のようになる。

（借）支払○○ XX	（貸）未払○○ XX

(5) 収益の未収

提供をしているサービスについて，その代金をまとめて後で受け取る場合，すでに提供を行ったサービスの代金が決算時点において未収（まだもらっていない状態）になっていることがある。未収分の収益を前もって計上することを収益の見越計上という。次の設例で考えてみよう。

設例９－７　**〈収益の未収〉**

長久手商事は，2020年３月１日に現金￥120,000を小牧商事へ年利子率５％の条件で貸し付けた。なお，利払い日は８月末と２月末の半年ごとである。また，会計期間は１月１日から12月31日までとする。次の取引を仕訳しなさい

2020年８月31日　長久手商事は半年分（３月１日から８月31日まで）の利息を現金で受け取った。

12月31日　長久手商事は決算につき，当期に属する受取利息を見越計上する。なお，金額は月割計算する。

8/31	（借）	現金	3,000	（貸）	受取利息	3,000
12/31	（借）	未収利息	2,000	（貸）	受取利息	2,000

８月31日に１回目の利払日が到来し，￥3,000（６カ月分）を現金で受け取ったので「受取利息」（収益の勘定）で仕訳されている。

しかし，決算日（12/31）時点では，当期中には３月１日から12月31日までお金を貸すサービスを提供したので，受取利息は10カ月分生じている。それにもかかわらず，３月１日から８月31日まで６カ月分の利息だけが受取済みで，９月１日から12月31日までの４カ月分の利息をまだもらっていない。受け取っていない分は仕訳していないので，その未収の４カ月分だけ，受取利息勘定残高が少ない状態となっている。

そこで，９月１日から12月31日までの未収となっている受取利息￥2,000（＝￥500×４カ月）を計上しておく必要がある。未収分の受取利息を右側（借方）に仕訳するとともに，この￥2,000は利息の未収分なので「未収利息」と仕訳を行う。この未収利息は，後の利払い日に現金等を受け取ることができる権利であるので資産の勘定科目となる。

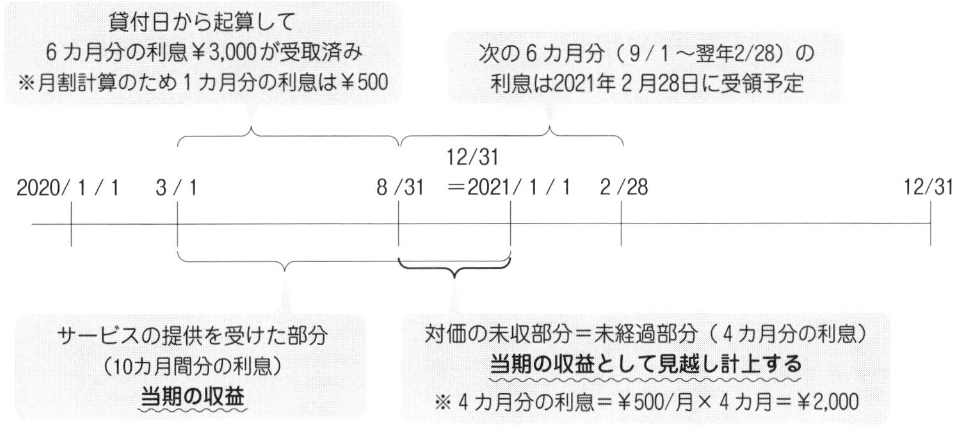

ちなみに，決算整理後の勘定は次のようになる。

未収利息（資産）
12/31 2,000
残高￥2,000（４カ月分）
受取利息（収益）
8/31 現 金 3,000
12/31 2,000
残高￥5,000（10カ月分）

◎まとめ―収益の未収

当期の収益となる金額は，当期にすでにサービスを提供した分となる。したがって，当期中にサービスを提供したにもかかわらず，決算時点においてその対価を受け取っていない場合，その分だけ収益を追加計上するとともに未収収益を計上する。なお，未収収益は今後，現金等を受け取る権利を表すので資産である。決算整理における仕訳は，次のようになる。

（借）	未収○○	XX	（貸）	受取○○	XX

(6) 前払費用，未払費用，前受収益，未収収益の翌期の処理（再振替手続）

前払家賃のように「前払○○」を使った処理を行うのは，決算時のみである。決算を終え，翌期首になったら，「前払○○」の勘定残高を元の「支払○○」という勘定に戻す。これを再振替手続といい，その仕訳を**再振替仕訳**という。**再振替仕訳**は，ちょうど決算整理仕訳の左右を逆にした形になる。再振替仕訳を行うのは，家賃を支払ったときに，前年度からの繰越分とあわせて，これまでどおり「支払家賃」のみで期中の処理をするためである。期中の取引を仕訳するときに，いちいち前払分がいくらなのかを考えることはしない。前払分を考えるのは決算においてであり，決算日を境にして当期分と前払分とに分けるのである。ここでは前払家賃を例にとって再振替手続の説明をしたが，再振替手続は「未払○○」や「前受○○」，「未収○○」についても同様に行う。

設例9－8 〈再振替手続〉

前期末（12月31日）より前払手数料￥9,000，前受家賃￥6,000，未払利息￥2,000，未収地代￥3,000，が繰り越されている。当期の期首（１月１日）における再振替仕訳を示しなさい。

………………………………………………………………………………………………

1/1	（借）	支払手数料	9,000	（貸）	前払手数料	9,000
〃	（借）	前受家賃	6,000	（貸）	受取家賃	6,000
〃	（借）	未払利息	2,000	（貸）	支払利息	2,000
〃	（借）	受取地代	3,000	（貸）	未収地代	3,000

4　租税公課

固定資産税，自動車税，印紙税を支払った場合には，「租税公課」という費用の勘定で処理をする。なお，決算において，収入印紙が使われずに残っていた場合には，その分だけ租税公課（費用）を減らすとともに，「貯蔵品」という資産を増やす。また，翌期首には，通信費の場合の貯蔵品と同じように，再振替仕訳を行う。

設例９－９　**〈期中の処理〉**

次の取引を仕訳しなさい。

① 所有する土地家屋の固定資産税￥30,000を現金で納付した。

② 収入印紙￥2,000を現金で購入した。

①

(借)	租税公課	30,000	(貸)	現金	30,000

②

(借)	租税公課	2,000	(貸)	現金	2,000

設例９－10　**〈決算時の処理〉**

次の取引を仕訳しなさい。

本日決算。未使用の収入印紙が￥500ある。

(借)	貯蔵品	500	(貸)	租税公課	500

設例９－11　**〈翌期首の処理〉**

次の取引を仕訳しなさい。

１月１日　翌期首となり，前期末に「貯蔵品」として処理した収入印紙￥500について再振替を行う。

1/1	(借)	租税公課	500	(貸)	貯蔵品	500

5　さまざまな商品売買の処理方法

商品を仕入れたとき，「仕入」という費用の勘定で仕訳を行ってきた。また，売り上げたときには「売上」という収益の勘定で仕訳を行い，期末に商品が残ったときは「繰越商品」という資産の勘定にする決算整理仕訳を行ってきた。このような商品売買取引の処理方法を**三分法**という（ちなみに，商品に関する仕訳を，「仕入」「売上」「繰越商品」の３つに分割して処理するので，三分法という）。

宝石店や高級自動車販売店では商品を仕入れてもすぐに売れるわけではないので，しばらくの間は保有することとなる。そのような業種では，商品を仕入れたときに費用の勘定である「仕入」よりも，資産の勘定で処理する方法が適切かもしれない。そこで，仕入れたときに「商品」という資産の勘定科目で処理する方法として，**分記法**（ぶんきほう），**総記法**（そうきほう），**売上原価対立法**（うりあげげんかたいりつほう）などの処理方法がある。本書では，以下で分記法と売上原価対立法について説明する。

(1)　分記法

①　期中の処理

分記法では，商品を仕入れたときに「仕入」ではなく「商品」という資産の勘定で左側（借方）に仕訳する。販売したときには，販売による商品の減少として「商品」勘定を右側（貸方）に仕訳し，あわせて儲けの部分を「**商品売買益**」勘定（収益の勘定）を使って仕訳する。分記法の特徴は，仕入れたときに資産である商品が増加したと考えて「商品」で仕訳する点と，売上のたびに売買益を仕訳する点にある。勘定科目は異なるが，第６章で学んだ有価証券の処理と似た処理である。

設例９－12　〈分記法による処理〉

次の取引を仕訳しなさい。

①　仕入時

名東商事は天白商事から商品￥500を仕入れ，代金は掛けとした。当店は分記法を採用している。

②　売上時

名東商事は天白商事から仕入れた商品を￥600で守山商事に販売し，代金は掛けとした。

………………………………………………………………………………

	借方	金額	貸方	金額
①	（借）商　品	500	（貸）買　掛　金	500
②	（借）売　掛　金	600	（貸）商　品	500
			商品売買益	100

②　決算の処理

分記法では，商品勘定の残高が決算時点の資産の金額を示しているため決算整理は不要である。しかし，損益計算書では売上高と売上原価を示す必要があり，この売上高と売上原価を算定する手続きは，取引量が多いとかなり煩雑である。また，期中に売上のたびに売買益を計算するには，そのつど売上原価を計算しなければならず手間がかかる。そのため分記法はあまり採用されていない。

(2)　売上原価対立法

①　仕入時の処理

売上原価対立法では，商品を仕入れたときは「商品」勘定（資産の勘定）で記帳する。

②　販売時の処理

商品を売り上げたときは販売価格で「売上」勘定（収益の勘定）を使って処理する。これとあわせて，販売した商品を原価で「商品」勘定から「売上原価」勘定（費用の勘定）に振り替える。ただし，この売上原価の振替は１カ月単位や１年単位でまとめて行ってもよい。

設例９－13　**〈売上原価対立法による処理〉**

次の取引を仕訳しなさい。

①　仕入時

名東商事は天白商事から商品￥500を仕入れ，代金は掛けとした。当店は，売上原価対立法を採用している。

②　売上時

名東商事は天白商事から仕入れた商品を￥600で守山商事に販売し，代金は掛けとした。

…………………………………………………………………………………………………

①	（借）	商　　　品	500	（貸）買　掛　金	500
②	（借）	売　掛　金	600	（貸）売　　　上	600
	（借）	売 上 原 価	500	（貸）商　　　品	500

③　決算の処理

売上原価対立法では，決算日における商品勘定は期末帳簿棚卸高（資産）を表し，売上勘定残高は当期売上高，売上原価勘定残高は当期の売上高に対する売上原価を表すため，決算整理は必要ない。ただし，売上原価の振替処理を１年単位で行うなど，期中に済ませていない場合には，決算整理でこれを行う必要がある。

第10章 さまざまな資産と負債

1 さまざまな資産（権利）と負債（義務）

経営活動では，さまざまな資産と負債が生じる。この章では，これまでに取り上げられなかったさまざまな資産と負債のうち，特に具体的な形をもたない権利である債権や義務である債務を中心に取り上げる。受取手形や売掛金のように，あとでお金や物を受け取ることのできる権利である債権は資産として，支払手形や買掛金のように，あとでお金や物を引き渡さなければならない義務である債務は負債として扱う。

2 貸付金と借入金

取引先などに資金を貸し付けたときは「**貸付金**」勘定で処理をする。貸付金はあとでお金を返してもらえる権利を表わすので資産の勘定である。

また，資金不足となり銀行などの金融機関や他の企業から資金を借り入れた場合は，「**借入金**」勘定で処理をする。借入金はあとでお金を返済しなければならない義務なので負債である。

この章で見ていく勘定も，何かをもらえる権利であれば資産，何かを提供する義務であれば負債となることに注意して読んでいくとわかりやすい。

3 未収入金と未払金

固定資産や有価証券など何か物を売却した際に，その代金をあとで受け取ることにした場合には，「**未収入金**」（資産の勘定）で処理をする。同じく代金をあとで受け取る権利を表すものとして売掛金があるが，売掛金は商品を販売したときにしか使わないので，注意しなければならない。

また，固定資産や有価証券など何かを購入し，その代金をあとで支払う場合には，その義務を「**未払金**」（負債の勘定）で処理をする。同じく代金をあとで支払う義務を表すものとして「買掛金」があるが，買掛金は商品を仕入れたときにしか使わないので，注意しなければならない。

設例10－1 〈**未収入金と未払金**〉

次の取引を仕訳しなさい。

① 売買目的で保有している有価証券（帳簿価額￥2,000）を時価￥2,200で売却し，代金は翌営業日に受け取ることとした。

② 商品￥3,000を販売し，代金は後日受け取ることとした。3分法による。

③　配送用の車両￥1,000を購入し，代金は月末に支払うこととした。

④　商品￥1,700を仕入れ，代金は月末に支払うこととした。3分法による。

①	（借）未収入金	2,200	（貸）売買目的有価証券	2,000
			有価証券売却益	200
②	（借）売掛金	3,000	（貸）売上	3,000
③	（借）車両	1,000	（貸）未払金	1,000
④	（借）仕入	1,700	（貸）買掛金	1,700

4　前払金と前受金

商品を予約購入する場合に，代金の一部を前もって支払うことがある。このような前もって支払う代金のことを一般に内金あるいは手付金という。内金（手付金）を支払ったときは「**前払金**」（資産の勘定），逆に内金を受け取ったときは「**前受金**」（負債の勘定）で処理する。前払金は，商品を受け取る権利を表すので資産である。また，前受金は，商品を引き渡す義務を表すので負債である。

設例10－2　**〈前払金と前受金〉**

次の取引を仕訳しなさい。

①　A 愛知商事は岐阜商事に，翌月発売される商品￥1,000の注文・予約をし，内金として現金￥100を支払った。

B 愛知商事は岐阜商事から，先月予約した上の商品￥1,000を受け取り，代金のうち￥100は内金と相殺し，残額は掛けとした。

②　A 岐阜商事は愛知商事から，翌月発売する商品￥1,000の注文・予約を受け，内金として現金￥100を受け取った。

B 岐阜商事は愛知商事に，先月予約を受けていた上の商品￥1,000を引き渡し，代金のうち￥100は内金と相殺し，残額は掛けとした。

①A	（借）前払金	100	（貸）現金	100
B	（借）仕入	1,000	（貸）前払金	100
			買掛金	900
②A	（借）現金	100	（貸）前受金	100

B	(借)	前受金	100	(貸)	売上	1,000
		売掛金	900			

5 仮払金と仮受金

(1) 出張旅費などの概算払いをしたとき（仮払金）

出張時の経費など，現地でどのようなことにいくらかかるのかが正確にわからない場合には，とりあえず概算で従業員にお金を渡す。このとき簿記では「仮払金」（資産の勘定）で処理をする。そして，出張から戻った従業員から領収書等を受け取ったときに，「仮払金」から「旅費交通費」（費用の勘定）という正式な勘定に金額を振り替える。

設例10－3 〈仮払金〉

次の取引を仕訳しなさい。

① 従業員の出張にあたり，旅費の概算額￥3,000を従業員に現金で渡した。

② 出張から戻った従業員から領収書やレシートを受け取り，旅費は￥2,500であったとの報告を受け，残額は現金で受け取った。

①	(借)	仮払金	3,000	(貸)	現金	3,000
②	(借)	旅費交通費	2,500	(貸)	仮払金	3,000
		現金	500			

(2) 内容不明の入金があったとき（仮受金）

現金を受け取ったとき，あるいは当座預金口座への入金があったときに，その内容がわからなかったり，仕訳する勘定科目がはっきりしない場合には，一時的に「仮受金」（負債の勘定）で処理をしておく。そして，あとから入金内容が具体的にわかったときに，「仮受金」の金額を適切な勘定科目に振り替える。

設例10－4 〈仮受金〉

次の取引を仕訳しなさい。

① 出張中の従業員から，当座預金口座に￥4,000の振込みがあったが，その内容は不明である。

② 出張中の従業員から連絡があり，先の￥4,000の振込みは，得意先の売掛金の回収であることが判明した。

①
（借）当座預金	4,000	（貸）仮受金	4,000

②
（借）仮受金	4,000	（貸）売掛金	4,000

(3)　消費税の処理（仮受消費税，仮払消費税，未払消費税，租税公課）

私たちが普段コンビニやお店で払っている消費税は，コンビニやお店側がしばらく預かっておいて，決算後などにまとめて国に納めている。ただし，お店側も仕入などで消費税を負担しているので，預かった消費税を全額納付するのではなく，仕入などで支払った消費税分を差し引いた残りの金額を申告・納付している。簿記の処理方法としては，消費税を別建てで処理する**税抜方式**と，売上・仕入に含めて消費税を別建てしないで処理する**税込方式**の２通りの方法がある。

A　税抜方式

商品を売り上げ，消費税を含めた代金を受け取ったとき，消費税に相当する額を「仮受消費税」（一種の仮受金）として売上とは別にして処理をする（**設例10－5**の①参照）。また，商品を仕入れたり，他の何かを購入したりして，消費税を含めた代金を支払ったときには，消費税に相当する額を「仮払消費税」（一種の仮払金）として仕入などとは別にして処理をする（**設例10－5**の②参照）。

その後，決算を迎えたときに，仮受消費税から仮払消費税を差し引き，残額を「未払消費税」（負債の勘定）とする。この未払消費税の金額が納付額ということになる。決算後，消費税を納付したときには，未払消費税を打ち消す仕訳をする。

B　税込方式

税込方式の場合には，仮受消費税・仮払消費税の勘定を使わずに処理する。すなわち，商品を売り上げたときには，受け取った消費税を含めた代金全額を「売上」とし，また，商品を仕入れたときなどには，消費税の支払分を含めた代金全額を「仕入」などとして処理する。

その後，決算を迎えたときに，預かった消費税（仮受分）と支払った消費税（仮払分）の差額を計算し，その金額を「未払消費税」として右側に仕訳するとともに，「租税公課」（費用の勘定）として左側に仕訳する。

設例10－5 〈税抜方式での消費税の一連の処理〉

次の取引を税抜方式で仕訳しなさい。ただし，消費税率は10%である。

① 商品￥30,000を売り上げ，代金は消費税とともに現金で受け取った。

② 商品￥20,000を仕入れ，代金は消費税とともに現金で支払った。

③ 本日決算。仮受消費税￥3,000と仮払消費税￥2,000を相殺し，消費税の納付額を確定した。

④ 上の消費税納付額を申告し，現金で納付した。

税抜方式の場合

①	(借)	現金	33,000	(貸)	売上	30,000
					仮受消費税	3,000
②	(借)	仕入	20,000	(貸)	現金	22,000
		仮払消費税	2,000			
③	(借)	仮受消費税	3,000	(貸)	仮払消費税	2,000
					未払消費税	1,000
④	(借)	未払消費税	1,000	(貸)	現金	1,000

設例10－6 〈税込方式での消費税の一連の処理〉

設例10－5での取引を税込方式で仕訳しなさい。ただし，消費税率は10%である。

①	(借)	現金	33,000	(貸)	売上	33,000
②	(借)	仕入	22,000	(貸)	現金	22,000
③	(借)	租税公課	1,000	(貸)	未払消費税	1,000
④	(借)	未払消費税	1,000	(貸)	現金	1,000

(4) 法人税等の処理（仮払法人税等，未払法人税等）

株式会社などの法人が負担する税金として，法人税，住民税，事業税（まとめて法人税等という）がある。法人税等は，法人の利益に対して課税される。法人税等の納付は，中間申告と確定申告の年２回に分けて行うが，中間申告の時点では当期の利益が未確定である。そこで，簿記では，中間申告の金額を仮払い（概算払い）として「仮払法人税等」（費用の勘定）で処理する。そして決算となり，今年度の利益を計算・確定した後，正確な年度納付額を計算する。簿記では，その金額を「法人税，住民税及び事業税」（費用の勘定）と左側に仕訳するとともに，中間納付額（仮払法人税等）の金額を差し引き，残りの未払分を「未払法人税等」（負債の勘定）として右側に仕訳する。決算後，確定申告をして納付したときには，未払法人税等を減らす。

設例10－7　**〈仮払法人税等，未払法人税等〉**

次の取引を仕訳しなさい。

① 法人税，住民税及び事業税の中間申告を行い，合計¥5,000を現金で納付した。

② 決算の結果，今年度の法人税，住民税及び事業税が¥11,000と計算された。中間申告分を差し引き，残りを未払分として計上する。

③ 確定申告を行い，中間申告分を差し引いた残りの未払分を現金で納付した。

……………………………………………………………………………………………

①	（借）	仮払法人税等	5,000	（貸）	現金	5,000
②	（借）	法人税，住民税及び事業税	11,000	（貸）	仮払法人税等	5,000
					未払法人税等	6,000
③	（借）	未払法人税等	6,000	（貸）	現金	6,000

6　立替金と預り金

「**立替金**」（資産の勘定）は，取引相手が負担する運送料金などを立て替えて支払ったときに生じる。また，従業員負担分の社会保険料や生命保険料を会社が立て替えて支払い，あとで給料から天引きする場合にも生じる。立替金は，一時的に立て替えただけで，お金を何らかの形で返してもらえる権利を表すので資産である。

「**預り金**」（負債の勘定）は，従業員の所得税を毎月の給料から天引き（源泉徴収）し，預かったときに生じる。また，社会保険料（健康保険や厚生年金，介護保険，雇用保険の保険料）のうち従業員負担分を給料から天引きし，預かったときにも生じる。なお，従業員の社会保険料については，会社と従業員の双方が負担する仕組みになっている。会社側が負担する従業員の社会保険料は，「法定福利費」（費用の勘定）で処理する。

設例10－8 〈立替金と預り金〉

次の取引を仕訳しなさい。

① A 商品¥5,000を売り上げ，代金は掛けとした。なお，発送費¥200（先方負担）を現金で支払った。
  B 上記の売上代金¥5,000を，立替払いした発送費¥200とともに現金で受け取った。

② A 従業員が負担すべき社会保険料¥60を現金で支払った。
  B 従業員に給料¥1,000を支給するにあたり，上記Aで立て替えた社会保険料¥60と所得税の源泉徴収分¥40を差し引き，現金で手渡した。
  C 源泉徴収した上記の所得税¥40を税務署に現金で納付した。

③ A 本日給料日。従業員の給料¥3,000から従業員負担分の社会保険料¥400（未払）を差し引いた残額を現金で支給した。
  B 社会保険料の納付にあたり，上記Aの従業員負担分¥400と会社負担分¥400の合計を現金で納付した。

---

①A	（借）	売掛金	5,000	（貸）	売上	5,000
		立替金※1	200		現金	200
B	（借）	現金	5,200	（貸）	売掛金	5,000
					立替金	200
②A	（借）	立替金※2	60	（貸）	現金	60
B	（借）	給料	1,000	（貸）	立替金	60
					預り金※3	40
					現金	900
C	（借）	預り金	40	（貸）	現金	40
③A	（借）	給料	3,000	（貸）	預り金※4	400
					現金	2,600
B	（借）	預り金	400	（貸）	現金	800
		法定福利費	400			

※1 ①Aの立替金は売掛金に含めて処理してもよい。
※2 ②Aの立替金は「従業員立替金」でもよい。
※3 ②Bの預り金は「所得税預り金」でもよい。
※4 ③Aの預り金は「社会保険料預り金」でもよい。

7　受取商品券

デパートやカード会社が発行する商品券，ギフト券を入手した場合には，「受取商品券」勘定で処理する。商品券の金額だけ商品を受け取ることができるので，受取商品券は資産である。

設例10－9〈受取商品券〉

次の取引を仕訳しなさい。

① 商品￥3,000を売り上げ，代金として現金¥2,000と共通商品券¥1,000を受け取った。

② 消耗品￥1,200を購入し，代金として共通商品券¥1,000を使用し，残りを現金で支払った。

①

(借)	現　　　金	2,000	(貸)	売　　　上	3,000
	受取商品券	1,000			

②

(借)	消耗品費	1,200	(貸)	受取商品券	1,000
				現　　　金	200

8　差入保証金

店舗を借り，敷金や保証金を支払ったときには，「差入保証金」で処理をする。敷金や保証金は，退去時に，原状回復のための修復費用にあてられる。家賃の滞納分がある場合には，その返済にもあてられる。ただし，そういった必要がなければ，支払った敷金や保証金は全額返してもらえる。差入保証金は，貸主であるオーナーに預けているお金であり，何もなければ戻ってくるお金なので資産である。

設例10－10〈差入保証金〉

次の取引を仕訳しなさい。

① 店舗の賃借契約（1カ月の家賃￥30,000）を結び，今月分の家賃と敷金（家賃2カ月分）と不動産会社への仲介手数料（家賃1カ月分）を現金で支払った。

② 店舗を引き払い，預けていた上記の敷金を全額現金で受け取った。

①

(借)	支払家賃	30,000	(貸)	現　　　金	120,000
	差入保証金	60,000			
	支払手数料	30,000			

②

(借)	現　　　金	60,000	(貸)	差入保証金	60,000

第11章 決算と財務諸表

1 決算整理手続き

第４章から第10章まで，期中に生じるさまざまな取引内容の仕訳や勘定記入を学んできたが，それらのうち一部について決算整理が必要であった。これまでに学んだ決算整理の項目とその仕訳の形は以下のとおりである。

① 売上原価の算定（仕入勘定，繰越商品勘定の整理）

（借）	仕　　　入	繰越商品勘定残高	（貸）	繰 越 商 品	繰越商品勘定残高
（借）	繰 越 商 品	期末商品棚卸高	（貸）	仕　　　入	期末商品棚卸高

② 現金過不足の処理

●現金過不足勘定が借方（左側）残高の場合

（借）	雑　　　損	××	（貸）	現 金 過 不 足	××

●現金過不足勘定が貸方（右側）残高の場合

（借）	現 金 過 不 足	××	（貸）	雑　　　益	××

③ 売掛金と受取手形に対する貸倒引当金の設定

●当期の貸倒引当金＞前期末に設定した貸倒引当金の残り

（借）	貸倒引当金繰入	不足分	（貸）	貸 倒 引 当 金	不足分

●当期の貸倒引当金＜前期末に設定した貸倒引当金の残り

（借）	貸 倒 引 当 金	超過分	（貸）	貸倒引当金戻入	超過分

当期末に設定する貸倒引当金

＝受取手形の期末残高×貸倒引当金の設定率＋売掛金の期末残高×貸倒引当金の設定率

④ 有価証券の評価替え（売買目的有価証券のみ示す）

●時価＞帳簿価額

（借）	売買目的有価証券	時価－簿価	（貸）	有価証券評価益	時価－簿価

●時価＜帳簿価額

(借) 有価証券評価損	簿価－時価	(貸) 売買目的有価証券	簿価－時価

⑤　固定資産の減価償却（計算方法は第７章参照）

●直接法の場合

(借) 減価償却費	××	(貸) 固定資産	××

●間接法の場合

(借) 減価償却費	××	(貸) 減価償却累計額	××

⑥　通信費（貯蔵品）の処理

(借) 貯蔵品	残った通信額	(貸) 通信費	残った通信額

⑦　費用の前払いと未払い，および収益の前受け，未収

●費用の前払い

(借) 前払○○	費用の前払額	(貸) 費用の勘定	費用の前払額

●収益の前受け

(借) 収益の勘定	収益の前受額	(貸) 前受○○	収益の前受額

●費用の未払い

(借) 費用の勘定	費用の未払額	(貸) 未払○○	費用の未払額

●収益の未収

(借) 未収○○	収益の未収額	(貸) 収益の勘定	収益の未収額

2 財務諸表の作成

(1) 貸借対照表と損益計算書

財務諸表（Financial Statements，F/Sと略す）には，すでに述べたように貸借対照表と損益計算書がある。

貸借対照表では，資産・負債・純資産を集計，表示し，損益計算書では収益・費用を集計し，収益から費用を引いて利益（または損失）を計算する。これらを作成するために，どの勘定が貸借対照表に計上される資産・負債・純資産であり，どの勘定が損益計算書に計上される収益と費用であるかを判断しなければならない。

(2) 資産・負債・純資産および収益・費用とは

貸借対照表の項目は，企業や店舗において実在する項目である。現金は使うまで，（繰越）商品は販売するまで，機械は売却ないし廃棄処分するまで，負債である買掛金や借入金は返済するまで，純資産である資本金は企業を解散するまで，それぞれ実在する。そのため，貸借対照表の3つの項目（資産・負債・純資産）はストック項目と呼ばれる。

一方，損益計算書の収益と費用は，資産と負債の増減の原因という事実やイベントを表す項目である。収益である売上は現金や当座預金，売掛金，受取手形の増加の原因で，費用である仕入は現金や当座預金の減少または買掛金や支払手形の増加の原因である。つまり，損益計算書の項目は，その時その時の事実を示すが実在せず，発生しては消えていく項目である。そのため，損益計算書の2つの項目（収益・費用）はフロー項目と呼ばれる。

ここまで学習した主な勘定科目を，資産，負債，純資産，収益，費用に分類すると，次のとおりになる。

貸借対照表

資産の勘定 [※仕訳での勘定科目名]		負債の勘定 [※仕訳での勘定科目名]	
現金	第4章	支払手形	第5章
小口現金	第4章	買掛金	第5章
当座預金	第4章	短期借入金	第10章
受取手形	第5章	未払金	第10章
売掛金	第5章	前受金	第10章
(貸倒引当金)	第5章	仮受金	第10章
貸付金	第10章	預り金	第10章
未収入金	第10章	前受収益	第9章
前払金	第10章	[※前受○○]	
仮払金	第10章	未払費用	第9章
立替金	第10章	[※未払○○]	
受取商品券	第10章	未払法人税	第10章
有価証券	第6章	未払消費税	第10章
[※売買目的有価証券]		借入金	第10章
貯蔵品	第9章	純資産（資本）の勘定	
商品	第2,5章	資本金	
[※繰越商品]		繰越利益剰余金	
前払費用	第9章		
[※前払○○]			
未収収益	第9章		
[※未収○○]			
差入保証金	第10章		
建物	第7章		
機械	第7章		
備品	第7章		
車両	第7章		
(減価償却累計額)	第7章		

損益計算書

費用の勘定 [※仕訳での勘定科目名]		収益の勘定 [※仕訳での勘定科目名]	
売上原価	第2，3，5章	売上高	第2，5章
[※仕入]		[※売上]	
給料		受取手数料	
通信費		受取利息	第6章
水道光熱費		有価証券利息	第6章
支払家賃		受取配当金	第6章
発送費		有価証券売却益	第6章
支払利息		固定資産売却益	第7章
消耗品費	第9章	貸倒引当金戻入	第5章
租税公課	第9章	雑益	第4章
手形売却損	第5章		
有価証券売却損	第6章		
固定資産売却損	第7章		
有価証券評価益	第6章		
貸倒引当金繰入	第5章		
減価償却費	第7章		
雑損	第4章		

その他の勘定

現金過不足

損益

(3) 特殊な性格をもつ勘定科目

① 評価勘定

上に（　）つきで示した貸倒引当金，減価償却累計額について，なぜそこにあるのだろうかと，不思議に思ったであろう。貸倒引当金，減価償却累計額は増加したときに，仕訳では右側に記入するので「負債だろう」と考えるかもしれない。しかしこれらは，通常の資産や負債などとは異なり特殊な性格をもつ勘定であり，いずれも次の表のように，ある勘定の金額を控除（減額）するために存在する勘定である。

貸倒引当金	受取手形や売掛金の金額を控除するための勘定 →控除することで，受取手形や受取手形のうち確実に回収可能な金額が表示される
減価償却累計額	固定資産の金額を控除するための勘定 →控除することで，固定資産の期末時点での価値が表示される

貸借対照表では貸倒引当金は控除対象である受取手形と売掛金の下に，減価償却累計額は固定資産の下に記入し，合わせて控除後の金額を示す。

②　現金過不足（未決算勘定）

現金過不足は，現金勘定の帳簿残高が実際の現金保有額と異なっておりその原因がわからない場合に，一時的に現金勘定を保有額に合わせるために用いられる勘定である。現金過不足のように事実が不明であったり，あるいは将来どうなるか未確定な出来事について一時的に用いる勘定科目を未決算勘定という。未決算勘定は，決算において必ず精算されなければならないので財務諸表には掲載されない。

③　損益勘定（決算勘定）

損益勘定は決算のときに設けられる勘定であり，損益振替手続きによって，決算整理後のすべての収益と費用を受け入れる。しかし，その後すぐに資本振替手続きによって，損益勘定の残高（当期純利益）は繰越利益剰余金勘定に振り替えられ，消えてなくなる。つまり，損益勘定は決算手続きが始まると発生し，決算手続きが終わると消滅してしまうので，財務諸表には掲載されない。このような勘定を決算勘定という。

(4)　財務諸表の作成方法

次の決算整理後の残高試算表に基づいて，損益計算書と貸借対照表の作成方法を解説する。

残高試算表

	勘定科目	
60	現　　　金	
100	普 通 預 金	
90	当 座 預 金	
60	受 取 手 形	
80	売　掛　金	
65	繰 越 商 品	
70	貸　付　金	
200	建　　　物	
	買　掛　金	80
	借　入　金	100
	貸倒引当金	7
	減価償却累計額	36
	資　本　金	400
	繰越利益剰余金	50

続く

	売　　　上	450
	受取手数料	50
	受取利息	20
300	仕　　　入	
80	給　　　料	
10	通　信　費	
30	支払家賃	
12	支払利息	
6	雑　　　損	
7	貯　蔵　品	
4	貸倒引当金繰入	
18	減価償却費	
10	前払家賃	
	前受手数料	10
	未払利息	3
4	未収利息	
1,206		1,206

(手順 1) **勘定科目の分類**

まず，決算整理後残高試算表に記載されている勘定科目が，損益計算書に記載される収益および費用であるのか，貸借対照表に計上される資産・負債・純資産であるのか識別する。

(手順 2) **損益計算書への記入**

① 次に，損益計算書の左側（借方）に費用の勘定科目とその残高金額，損益計算書の右側（貸方）に収益の勘定科目とその残高金額を記入する。

注意！

ここで，次の勘定科目は損益計算書上で表示科目名が変わるので注意しなければならない。

勘定科目名	損益計算書での表示科目名
仕　　入	売上原価
売　　上	売上高

② 損益計算書に金額をすべて記入し，左右それぞれ縦に合計すると通常一致せず，貸借差額が生じる。その左右の合計額を比べて，左側（借方）のほうが小さければその差額を「当期純利益」とし，右側（貸方）のほうが小さければその差額を「当期純損失」とする。

損益計算書

損　益　計　算　書

X1年４月１日からX2年３月31日まで

費　用	金　額	収　益	金　額
売上原価(＊1)	300	売上高	450
給料	80	受取手数料	50
通信費	10	受取利息	20
支払家賃	30		
支払利息	12		
貸倒引当金繰入	4		
減価償却費	18		
雑損	6		
当期純利益(＊2)	60		
	520		520

（＊１）　仕入ではなく売上原価と記入
（＊２）　収益と費用の差額として計算

手順３　貸借対照表への記入

①　貸借対照表の左側（借方）に資産の勘定科目とその金額を記入する。

注意！

A　次の勘定科目は貸借対照表上で表示科目名が変わるので注意しなければならない。

勘定科目名	貸借対照表での表示科目名
繰越商品	商品
前払家賃など,「前払○○」	前払費用
未収利息など,「未収○○」	未収収益

B　「受取手形」と「売掛金」は，その金額記入欄の左寄りにそれぞれの金額を記入し，これらの合計を１行下に記入する。さらにその１行下に「貸倒引当金」とその金額を左寄りに記入し，受取手形と売掛金の合計額から貸倒引当金の金額を差し引いた額を右寄りに記入する。

C　減価償却を間接法で記帳している固定資産は，その取得原価を金額欄の左寄りに記入し，その１行下に減価償却累計額とその金額を左寄りに記入し，固定資産の取得原価から減価償却累計額の金額を差し引いた額を右寄りに記入する。

②　貸借対照表の左側（借方）の金額を合計する。このとき，右寄りに記入された金額だけを縦に合計する。

③　貸借対照表の右側（貸方）に負債，純資産の勘定科目とその金額を記入する。その後，縦に合計する。

注意！

D　次の勘定科目は貸借対照表上で表示科目名が変わるので注意しなければならない。

勘定科目名	貸借対照表での表示科目名
前受手数料など，「前受○○」	前受収益
未払利息など，「未払○○」	未払費用

E　記入の順序は，上からまず負債をすべて記入し，次に純資産を記入する。

④　左側（借方）の合計額と右側（貸方）の合計額は通常一致せず，貸借差額が生じる。その左右の合計額を比べて，右側（貸方）のほうが小さければ「当期純利益」が生じており，左側（借方）のほうが小さければ「当期純損失」が生じている。当期純利益は繰越利益剰余金に加算し，当期純損失は繰越利益剰余金から控除する。

貸借対照表

貸借対照表

X2年３月31日

	資　産	金　額		負債および純資産	金　額	
	現　　　　金		60	買　掛　金	80	
	普　通　預　金		100	前　受　収　益	10	D
	当　座　預　金		90	未　払　費　用	3	D
B	受　取　手　形	60		借　入　金	100	
B	売　掛　金	80		資　本　金	400	
B	合計(＊1)	140		繰越利益剰余金	110	
B	貸倒引当金	7	133			
A	商　　　　品		65			
	貯　蔵　品		7			
A	前　払　費　用		10			
A	未　収　収　益		4			
C	建　　　　物	200				
C	減価償却累計額(＊2)	36	164			
	貸　付　金		70			
			703		703	

（＊１）　受取手形と売掛金は金額欄の左寄りにそれぞれの金額を記入し，さらにその合計を１行下に記入する。

その１行下に，貸倒引当金とその金額を左寄りに記入し，受取手形と売掛金の合計額から，貸倒引当金の金額を差し引いた額を右寄りに記入する。

（＊２）　減価償却を間接法で記帳している固定資産は，その取得原価を金額欄の左寄りに記入し，その１行下に，減価償却累計額とその金額を左寄りに記入し，固定資産の取得原価から，減価償却累計額の金額を差し引いた額を右寄りに記入する。

第12章 補助簿

1 主要簿と補助簿

簿記はもともと帳簿記入の略語であると第1章で説明したが，記入される帳簿には，仕訳を記入する**仕訳帳**と，仕訳の内容を転記する勘定を集めた**総勘定元帳**（たんに元帳という場合もある）がある。この2つは簿記を行う上で必要な帳簿なので**主要簿**と呼ばれる。

しかしながら，実際の企業経営の現場では，主要簿の記録内容だけでは情報が不十分な場合がある。例えば，仕入勘定だけではどのような種類の商品を仕入れたかまではわからないし，買掛金勘定だけでは買掛金が誰にいくら残っているかまではわからない。そこで，主要簿の内容を補完する帳簿を併せて用いる場合がある。そのような帳簿のことを**補助簿**という。

2 補助簿の種類

補助簿には，**補助記入帳**と**補助元帳**と呼ばれる2つの種類がある。

❶**補助記入帳**：特定の取引について，その詳細を発生順に記録する帳簿をいう。
例）現金出納帳，当座預金出納帳，仕入帳，売上帳，受取手形記入帳，支払手形記入帳等

❷**補 助 元 帳**：総勘定元帳における特定の勘定を小分けにした勘定を有する補助簿を**補助元帳**という。
例）商品有高帳，売掛金元帳，買掛金元帳，固定資産台帳　等

以下，一般的な商品を売買する商店や企業において，よく設けられる補助簿をいくつか説明する。

(1) 商品有高帳

商品有高帳（商品在高帳と書く場合もある）は，仕入，売上のつど商品の品目ごとに増加または減少した数量と（仕入）単価（1個当たりの仕入価格）および合計金額を記入し，有高（在庫）を記録する帳簿である。金額には仕入額（仕入単価）を用いる。これにより，売上原価および期末商品棚卸高（在庫原価）の算定にも役立てることができる。

売上原価や期末商品棚卸高の計算には，仕入単価の情報が必要である。しかし，仕入単価は，そのときどきによって変わるので，取引量が多くなると，売り上げた商品の仕入単価を把握するのが困難になる。もしあなたがスーパーのレジ係であれば，レジ打ちしている商品がいつ仕入れた商品かわからないだろう。そこで，どの単価の商品が払い出されたかを一定の仮定を置いた法則に従って算定する。その

払出単価を決める法則には**先入先出法**（さきいれさきだしほう），**移動平均法**（いどうへいきんほう）および**総平均法**（そうへいきんほう）などがある。

① 先入先出法

先入先出法は，「先に仕入れたものから順番に売り出していく」と考えて，払出欄に記入していく方法である。通常の商品の流れを想定した方法といえる（ただし，必ずしもそのように商品が売られているわけではない）。

② 移動平均法

移動平均法とは，仕入のたびに商品の平均単価を計算し，その単価で払出欄に記入していく方法である。

取り扱っている商品が缶ジュースや服などであれば，どの商品がどの単価であるか判別できるが，ガソリンなどの液体物を仕入れ，タンク等に貯蔵した場合には，どの部分が古い単価で，どの部分が新しい単価であるかわからない。その場合，タンクのガソリンは１単位当たり平均でいくらであると考えるだろう。移動平均法は，そのような状況を想定した単価の決定方法である（もちろん，液体に限らず固体の商品に使ってもよい）。

③ 総平均法

総平均法は，数量と総額だけ記入しておき，平均単価を月末などに，一定期間の平均としてまとめて計算する方法である。

以下，この３つの払出単価の決定方法による商品有高帳の記入方法を設例を用いて解説する。

設例12－１

次の取引を①先入先出法，②移動平均法，③総平均法のそれぞれにより，商品有高帳に記入しなさい。なお，@は単価を意味する。

11月１日　前月から商品Ａの繰越が10個（@￥100）ある。
　　３日　沖縄商事から商品Ａを@￥106で50個仕入れ，代金￥5,300は掛けとした。
　　10日　青森商事に商品Ａを@￥150で40個売り上げ，代金￥6,000は掛けとした。
　　15日　新潟商事から商品Ａを@￥109で60個仕入れ，代金￥6,540は掛けとした。
　　24日　奈良商事に商品Ａを@￥150で55個売り上げ，代金￥8,250は掛けとした。

① 先入先出法による商品有高帳の記入方法

先入先出法による商品有高帳の記入は，次の（手順１）～（手順４）のように行う。なお商品有高帳では，「払出」欄の金額が売上原価を，「残高」欄の金額が在庫原価をそれぞれ表している。

（手順１）　商品が前期または前月から在庫として残っている場合は，その商品の数量，単価および総額を受入欄に記入する（通常，前月末にあらかじめ記入してしまうことが多い）。また，現在の商品がどれだけあるかについて残高欄に記入する。

10月からの繰越分を受け入れ，在庫（有高）が10個×100円＝1,000円ある。

商品有高帳

先入先出法　　品名：商品A　　（単位：個数，円）

日付		摘要	受入			払出			残高		
月	日		数量	単価	金額	数量	単価	金額	数量	単価	金額
11	1	前月繰越	10	100	1,000				10	100	1,000

取引内容を簡潔に記入

仕入によって商品が増加したときに記入。

売上によって商品が減少したときに記入。

仕入後または売上後の在庫(有高)を記入。

手順2　仕入によって商品が増えたときには受入欄に記入する。摘要欄には，取引内容（この場合は「仕入」）や取引先名などを記入する。また，現在の商品がどれだけあるかについて残高欄に記入するが，先入先出法の場合は単価ごとに分けて記入する。

商品有高帳

先入先出法　　品名：商品A　　（単位：個数，円）

日付		摘要	受入			払出			残高		
月	日		数量	単価	金額	数量	単価	金額	数量	単価	金額
11	1	前月繰越	10	100	1,000				10	100	1,000
	3	仕入，掛，沖縄商事	50	106	5,300				10	100	1,000
									50	106	5,300

3日の仕入によって，商品が50個（単価106円）増えた。

そのつど在庫の内容を，仕入れた順番に並べて書く。

手順3　売上によって商品が減った時には払出欄に記入する。なお，先入先出法の場合は先に仕入れた商品から売れるものと仮定するため，40個の売上の内訳は，まず，前月から残っている単価￥100の商品が10個払い出され，残りの30個は新たに3日に仕入れた単価￥106の商品が払い出されたとする。これを払出欄に単価別に分けて記入する。

払出欄へ記入する際に，決して売価（この場合は@￥150）は使わないことに注意しなければならない。

商品有高帳

先入先出法　　品名：商品A　　(単位：個数，円)

日付		摘要	受入			払出			残高		
月	日		数量	単価	金額	数量	単価	金額	数量	単価	金額
11	1	前月繰越	10	100	1,000				10	100	1,000
	3	仕入，掛，沖縄商事	50	106	5,300				10	100	1,000
									50	106	5,300
	10	売上，掛，青森商事				10	100	1,000	20	106	2,120
						30	106	3,180			

10日の売上によって商品が40個減った。先入先出法なので，まず先に仕入れた10個（仕入単価100円）を販売し，その次に30個（仕入単価106円）を売り出したと考える。

先入先出法なので，販売後の在庫は，仕入単価106円の商品が20個。

手順4 月末になったら，各欄を集計し，次月に単価がいくらの商品を何個繰り越すか計算する。

商品有高帳

先入先出法　　品名：商品A　　(単位：個数，円)

日付		摘要	受入			払出			残高		
月	日		数量	単価	金額	数量	単価	金額	数量	単価	金額
11	1	前月繰越	10	100	1,000				10	100	1,000
	3	仕入，掛，沖縄商事	50	106	5,300				10	100	1,000
									50	106	5,300
	10	売上，掛，青森商事				10	100	1,000	20	106	2,120
						30	106	3,180			
	15	仕入，掛，新潟商事	60	109	6,540				20	106	2,120
									60	109	6,540
	24	売上，掛，奈良商事				20	106	2,120	25	109	2,725
						35	109	3,815			
	30	次月繰越				25	109	2,725			
			120		12,840	120		12,840			

①今月の最後の「残高」欄の記入（この例では24日）を書き写す。

②「受入」，「払出」の数量と金額をタテに合計し，一致することを確かめる。

②　移動平均法による商品有高帳の記入方法

手順1　月初の記入方法は先入先出法と同じである。

手順2　商品を仕入れた際は，受入欄に記入することは先入先出法の場合と同じであるが，残高欄への記入には注意が必要である。残高欄に記入する際に，これまでの残高分と，新たに仕入れた商品の金額と個数を合計し，その合計金額を合計数量で割って，1個当たりの平均単価を計算する。この平均単価を残高欄の単価の列に記入する。

手順3　売り上げた際は，平均単価で払出欄に記入する。売価は使わないので注意すること。

手順4　月末の記入方法は先入先出法と同じである。

移動平均法なので，仕入のつど平均単価を計算。
(¥1,000＋¥5,300)÷60個
＝¥105

商品有高帳

移動平均法　　品名：商品A　　(単位：個数，円)

日付		摘要	受入			払出			残高		
月	日		数量	単価	金額	数量	単価	金額	数量	単価	金額
11	1	前月繰越	10	100	1,000				10	100	1,000
	3	仕入，掛，沖縄商事	50	106	5,300				60	105	6,300
	10	売上，掛，青森商事				40	105	4,200	20	105	2,100
	15	仕入，掛，新潟商事	60	109	6,540				80	108	8,640
	24	売上，掛，奈良商事				55	108	5,940	25	108	2,700
	30	次月繰越				25	108	2,700			
			120		12,840	120		12,840			

(¥2,100＋¥6,540)
÷80個＝¥108

③　総平均法

これは，一定の期間（例えば1週間や1カ月）に行われた仕入について，まとめて平均単価を計算し，その単価で売上原価および在庫原価を算定する方法である。

商品有高帳

総平均法　品名：商品A　(単位：個数，円)

日付		摘要	受入			払出			残高		
月	日		数量	単価	金額	数量	単価	金額	数量	単価	金額
11	1	前月繰越	10	100	1,000				10		
	3	仕入，掛，沖縄商事	50	106	5,300				60		
	10	売上，掛，青森商事				40			20		
	15	仕入，掛，新潟商事	60	109	6,540				80		
	24	売上，掛，奈良商事				55			25		
	30	払出合計				95	107	10,165			
	30	次月繰越				25	107	2,675			
			120		12,840	120		12,840			

総平均法なので，最後にまとめて平均単価を計算。¥12,840÷120個＝¥107

(2) 得意先元帳（売掛金元帳）と仕入先元帳（買掛金元帳）

売掛金勘定や買掛金勘定を見ることで，現在の売掛金や買掛金の残高がいくらであるか，当期にどれだけの掛取引があったのかがわかる。しかし，その売掛金や買掛金がどの取引先との掛取引で生じたものかについてまではわからない。そのため，どの販売先（得意先）からいくら売掛金が回収できていないか，どの仕入先にいくら買掛金が残っているのかはわからない。そこで，総勘定元帳の売掛金勘定と買掛金勘定を取引先ごとに分けた得意先元帳と仕入先元帳を設け，経営管理に役立てる。

得意先元帳（**売掛金元帳**ともいう）は，売掛金（債権）を販売先別に分けて記録する帳簿である。この帳簿を見れば，誰からいくら受け取ることができるのかがわかる。もしも相手からの支払いが遅れがちなら回収を早めたり，現金販売に切り替えたりすればよい。

仕入先元帳（**買掛金元帳**ともいう）は，買掛金（債務）を仕入先別に分けて記録する帳簿である。この帳簿を見れば，誰にいくら支払わなければならないのかがわかる。

なお，得意先元帳は売掛金勘定を販売先別に分割したものなので，この帳簿の各勘定残高の合計額は，総勘定元帳の売掛金と必ず一致する。同様に，仕入先元帳における各勘定残高の合計額も買掛金と一致する。

設例12－2

次の取引を仕訳し，売掛金勘定と買掛金勘定に転記しなさい。また，得意先元帳と仕入先元帳にも記入しなさい。

9月2日　東商事から商品¥100を仕入れ，代金は掛けとした。

　　5日　西商事から商品¥200を仕入れ，代金は掛けとした。

8日　南商事に商品￥250を売り上げ，代金は掛けとした。
10日　北商事に商品￥280を売り上げ，代金は掛けとした。
13日　東商事から商品￥140を仕入れ，代金は掛けとした。
17日　南商事に商品￥260を売り上げ，代金は掛けとした。
20日　南商事に対する売掛金のうち，￥300を現金で受け取った。
25日　東商事に対する買掛金のうち，￥180を現金で支払った。

仕　訳　帳

9/2	（借）	仕入	100	（貸）	買掛金	100
5	（借）	仕入	200	（貸）	買掛金	200
8	（借）	売掛金	250	（貸）	売上	250
10	（借）	売掛金	280	（貸）	売上	280
13	（借）	仕入	140	（貸）	買掛金	140
17	（借）	売掛金	260	（貸）	売上	260
20	（借）	現金	300	（貸）	売掛金	300
25	（借）	買掛金	180	（貸）	現金	180

総　勘　定　元　帳

売　掛　金

9/8	250	9/20	300
10	280		
17	260		

残高＝490（借方）

買　掛　金

9/25	180	9/2	100
		5	200
		13	140

残高＝260（貸方）

得　意　先　元　帳

南商事

9/8	250	9/20	300
17	260		

北商事

9/10	280		

残高合計＝210（借方）＋280（借方）＝490（借方）
売掛金勘定の残高と一致

仕 入 先 元 帳							
東商事				西商事			
9/25	180	9/2	100			9/5	200
		13	140				

残高合計＝60（貸方）+200（貸方）＝260（貸方）
買掛金勘定の残高と一致

(3) 受取手形記入帳と支払手形記入帳

受取手形記入帳と支払手形記入帳は，それぞれ受取手形（手形債権）と支払手形（手形債務）の明細を記録する帳簿である。金額はもちろんのこと，支払人や入金予定日の情報，あるいは受取人や支払予定日の情報は，お金を管理する上でとても重要である。

設例12－3

次の取引を仕訳しなさい。また，手形記入帳にも記入しなさい。

12月1日　滋賀商事に商品￥300,000を売り渡し，代金として滋賀商事振出し，当社宛の約束手形￥300,000（手形番号24，振出日12/1，支払期日2/15，支払場所：大津銀行）を受け取った。

7日　京都商事に対する売掛金￥200,000の回収として，兵庫商事振出しの約束手形￥200,000（手形番号71，振出日11/15，支払期日1/31，支払場所：有馬銀行）を京都商事から裏書きのうえ譲り受けた。

13日　大阪商事振出の約束手形￥400,000（手形番号39，振出日11/14，支払期日12/13，支払場所：淀川銀行）について，取立てを依頼していた名城銀行から，当座預金口座に入金された旨の連絡を受けた。

18日　長野商事から商品￥270,000を仕入れ，代金として長野商事宛の約束手形￥270,000（手形番号10，振出日12/18，支払期日2/17，支払場所：名城銀行）を振り出して渡した。

21日　当社が振り出した山梨商事宛の約束手形￥180,000（手形番号5，振出日10/22，支払期日12/21，支払場所：名城銀行）について，取引銀行である名城銀行から，本日満期につき当座預金口座から引き落とされた旨の連絡を受けた。

29日　富山商事から商品￥300,000を仕入れ，代金として，かねて受け取った滋賀商事振出の約束手形￥300,000（手形番号24）を裏書きして渡した。

…………………………………………………………

12/1	(借)	受取手形	300,000	(貸)	売　　上	300,000
7	(借)	受取手形	200,000	(貸)	売掛金	200,000
13	(借)	当座預金	400,000	(貸)	受取手形	400,000

18	(借)	仕　　　入	270,000	(貸)	支払手形	270,000
21	(借)	支払手形	180,000	(貸)	当座預金	180,000
29	(借)	仕　　　入	300,000	(貸)	受取手形	300,000

受取手形記入帳

日付		摘要	金額	手形種類	手形番号	支払人	振出人または裏書人	振出日		満期日		支払場所	てん末		
月	日							月	日	月	日		月	日	摘要
11	14	売　上	400,000	約手	39	大阪商事	大阪商事	11	14	12	13	淀川銀行	12	13	取立済
12	1	売　上	300,000	約手	24	滋賀商事	滋賀商事	12	1	2	15	大津銀行	12	29	裏書
	7	売掛金	200,000	約手	71	兵庫商事	京都商事	11	15	1	31	有馬銀行			

12/13の記入　12/1の記入　12/7の記入　12/29の記入

支払手形記入帳

日付		摘要	金額	手形種類	手形番号	受取人	振出人	振出日		満期日		支払場所	てん末		
月	日							月	日	月	日		月	日	摘要
10	22	仕　入	180,000	約手	5	山梨商事	当社	10	22	12	21	名城銀行	12	21	支払済
12	18	仕　入	270,000	約手	10	長野商事	当社	12	18	2	17	名城銀行			

12/18の記入　12/21の記入

(4) 現金出納帳(げんきんすいとうちょう)

現金出納帳は，現金取引の明細を記録する帳簿である。

設例12－4

次の取引を仕訳しなさい（消費税は税込方式による)。また，現金出納帳にも記入しなさい。

10月5日　A商事に商品￥320,000を売り上げ，代金は現金で受け取った。

9日　B商事から商品￥260,000を仕入れ，代金は現金で支払った。

14日　C商事に対する売掛金￥100,000を現金で回収した。

17日　X社製タブレット@￥10,000×2個とZ社製電卓@￥2,000×5個を購入し，代金計￥30,000を現金で支払った。

20日　A商事に商品￥140,000を売り上げ，代金としてA商事振出の小切手￥140,000（小切手番号20）を受け取った。

24日　従業員の給料￥70,000を現金で支払った。

25日　D商事から商品￥250,000を仕入れ，代金は小切手を振り出して引き渡した。

29日　今月の電話料金￥5,000を現金で支払った。

30日　自動車保険の保険料￥80,000を現金で支払った。「保険料」で処理する。

10/5	(借)	現金	320,000	(貸)	売上	320,000
9	(借)	仕入	260,000	(貸)	現金	260,000
14	(借)	現金	100,000	(貸)	売掛金	100,000
17	(借)	消耗品費	30,000	(貸)	現金	30,000
20	(借)	現金	140,000	(貸)	売上	140,000
24	(借)	給料	70,000	(貸)	現金	70,000
25	(借)	仕入	250,000	(貸)	当座預金	250,000
29	(借)	通信費	5,000	(貸)	現金	5,000
30	(借)	保険料	80,000	(貸)	現金	80,000

現金出納帳

X1年 月	日	摘要	収入	支出	残高
10	1	前月繰越	200,000		200,000
	5	A商事に売り上げ	320,000		520,000
	9	B商事から仕入れ		260,000	260,000
	14	C商事に対する売掛金を回収	100,000		360,000
	17	X社製タブレット@¥10,000×2個		30,000	330,000
		Z社製電卓@¥2,000×5個			
	20	A商事に売り上げ，小切手#20	140,000		470,000
	24	従業員の給料		70,000	400,000
	29	今月分電話料金		5,000	395,000
	30	自動車保険料		80,000	315,000
	31	次月繰越		315,000	
			760,000	760,000	
11	1	前月繰越	315,000		315,000

摘要欄には取引の詳細を記入する

25日の取引は現金取引ではないので現金出納帳には記入しない

(5) 当座預金出納帳（とうざよきんすいとうちょう）

当座預金出納帳は，当座預金取引の明細を記録する帳簿である。

設例12－５

次の取引を仕訳しなさい。また，当座預金出納帳にも記入しなさい。

２月３日　Ｘ社に対する売掛金￥1,200,000が当座預金口座に振り込まれた。
　　６日　Ｙ社から商品￥650,000を仕入れ，小切手￥650,000（#39）を振り出して支払った。
　　７日　Ｚ社に商品￥310,000を売り上げ，代金としてＺ社振出しの小切手＃３を受け取り，ただちに当座預金口座に預け入れた。
　　10日　事務用にＤ社製のパソコン@￥200,000×３台を購入し，小切手￥600,000（#40）を振り出して支払った。
　　15日　Ｘ社に商品￥900,000を売り上げ，代金が当座預金口座に振り込まれた。
　　18日　過日振り出した約束手形￥500,000（#12）について，取引銀行である名城銀行から，本日満期につき当座預金口座から引き落とされた旨の連絡を受けた。
　　22日　現金￥140,000を当座預金口座に預け入れた。
　　24日　従業員の給料￥250,000を当座預金口座から振り込んだ。
　　27日　店舗の翌月の家賃￥100,000を当座預金口座から振り込んだ。

2/3	（借）	当座預金	1,200,000	（貸）	売掛金	1,200,000
6	（借）	仕入	650,000	（貸）	当座預金	650,000
7	（借）	当座預金	310,000	（貸）	売上	310,000
10	（借）	備品	600,000	（貸）	当座預金	600,000
15	（借）	当座預金	900,000	（貸）	売上	900,000
18	（借）	支払手形	500,000	（貸）	当座預金	500,000
22	（借）	当座預金	140,000	（貸）	現金	140,000
24	（借）	給料	250,000	（貸）	当座預金	250,000
27	（借）	支払家賃	100,000	（貸）	当座預金	100,000

当座預金出納帳

20xx年		摘要	預入	引出	残高
月	日				
2	1	前月繰越	5,000,000		5,000,000
	3	Ｘ社から売掛金を回収	1,200,000		6,200,000
	6	Ｙ社から商品を仕入れ，小切手#39振出		650,000	5,550,000
	7	Ｚ社に商品を売り上げ，小切手＃３預入	310,000		5,860,000
	10	事務用Ｄ社製PC@￥200,000×３台を購入，		600,000	5,260,000
		小切手#40振出			
	15	Ｘ社に商品を売り上げ	900,000		6,160,000

	18	約束手形#12の支払い		500,000	5,660,000
	22	現金の預け入れ	140,000		5,800,000
	24	従業員の給料		250,000	5,550,000
	27	店舗の翌月の家賃		100,000	5,450,000
	28	次月繰越		5,450,000	
			7,550,000	7,550,000	
3	1	前月繰越	5,450,000		5,450,000

(6) 小口現金出納帳（こぐちげんきんすいとうちょう）

小口現金は，文房具代や茶菓子代など少額の支払いをその場で支払ってもらうために，会社内の各部署の用度係（支払担当者）にあらかじめ渡しておくお金である。通常，小切手で渡す。小切手を受け取った用度係は銀行でこれを換金し，諸経費の支払いにあてる。小口現金出納帳は，用度係がこのような小口現金を記録し，管理するために設ける帳簿である。

設例12－6

次の取引を仕訳しなさい。また，小口現金出納帳にも記入しなさい。

3月1日　経理課が小口現金として小切手￥10,000（#30）を振り出して用度係に渡した。
　4日　事務用文房具を購入し，その代金￥2,000を用度係が支払った。
　15日　従業員の出張にかかった電車代￥4,300を用度係が支払った。
　21日　切手とはがきを購入し，その代金￥400を用度係が支払った。
　26日　会議用にお茶と菓子を購入し，その代金￥1,000を用度係が支払った。
　30日　従業員の出張にかかったタクシー代￥1,700を用度係が支払った。
　31日　用度係が小口現金￥9,400の支払報告をした。
4月1日　報告を受けた経理課は小口現金を補充するため，小切手￥9,400（#75）を振り出して用度係に渡した。

....

3/1　(借) 小口現金 10,000　(貸) 当座預金 10,000
4　仕訳不要
15　仕訳不要
21　仕訳不要
26　仕訳不要
30　仕訳不要

31	（借）	旅費交通費	6,000	（貸）	小口現金	9,400
		消耗品費	2,000			
		会議費	1,000			
		通信費	400			
4/1	（借）	小口現金	9,400	（貸）	当座預金	9,400

小口現金出納帳

受入	20xx年		摘要	支払	内訳			
	月	日			旅費交通費	消耗品費	会議費	通信費
10,000	3	1	小切手#30を受け入れ					
		4	事務用文房具を購入	2,000		2,000		
		15	出張のための電車代	4,300	4,300			
		21	切手とはがきを購入	400				400
		26	会議用にお茶菓子を購入	1,000			1,000	
		30	出張のためのタクシー代	1,700	1,700			
			合計	9,400	6,000	2,000	1,000	400
		31	次月繰越	600				
10,000				10,000				
600	4	1	前月繰越					
9,400		〃	小切手#75を受け入れ					

第13章 伝票会計

1 起票

仕訳を仕訳帳ではなく，**伝票**という紙片（カード）を用いて行うこともできる（これを**起票**という）。このような伝票を用いた簿記を**伝票会計**という。これまでの学習では，基本的に「(取引→) 仕訳帳→総勘定元帳」という仕組みを前提としていた。しかし，伝票会計では「(取引→) 伝票→総勘定元帳」となる。ちなみに，伝票を取引発生順にファイルすれば，仕訳帳と内容的に同じものになる。

仕訳を行う伝票には，入金伝票，出金伝票および振替伝票の３種類がある。これら３つの伝票を用いる伝票会計を３伝票制という。入金伝票と出金伝票には現金取引を仕訳し，振替伝票にはその他の取引を仕訳する。

設例13－1

6月3日に行われた次の①～⑦の取引を起票しなさい（伝票を用いて仕訳しなさい）。

① 大阪商事から商品￥63,000を買い入れ，代金は現金で支払った。
② 東京商事に商品￥84,000を売り渡し，代金は現金で受け取った。
③ 三重商事から商品￥38,000を買い入れ，代金は掛けとした。
④ 静岡商事に商品￥40,000を売り渡し，代金は掛けとした。
⑤ 大阪商事から商品￥78,000を買い入れ，代金のうち￥8,000は現金で支払い，残額は掛けとした。
⑥ 東京商事に商品￥96,000を売り渡し，代金のうち￥16,000は現金で受け取り，残額は掛けとした。
⑦ 備品￥200,000を購入し，代金は月末に支払うこととした。

…………………………………………………………

①

出金伝票	×年６月３日
仕　入	63,000

（借）仕　入 63,000 （貸）現　金 63,000

②

入金伝票	×年６月３日
売　上	84,000

（借）現　金 84,000 （貸）売　上 84,000

☞ 参考として仕訳も示しておく。起票する際には，仕訳を最初に考えるとわかりやすい。

③

振替伝票(借方)	×年6月3日	振替伝票(貸方)	×年6月3日
仕　　入	38,000	買　掛　金(三重商事)	38,000

(借)　仕　　入　38,000　(貸)　買 掛 金　38,000

④

振替伝票(借方)	×年6月3日	振替伝票(貸方)	×年6月3日
売　掛　金(静岡商事)	40,000	売　　上	40,000

(借)　売 掛 金　40,000　(貸)　売　　上　40,000

⑤

出金伝票	×年6月3日
仕　　入	8,000

(借)　仕　　入　8,000　(貸)　現　　金　8,000

振替伝票(借方)	×年6月3日	振替伝票(貸方)	×年6月3日
仕　　入	70,000	買　掛　金(大阪商事)	70,000

(借)　仕　　入　70,000　(貸)　買 掛 金　70,000

⑥

入金伝票	×年6月3日
売　　上	16,000

(借)　現　　金　16,000　(貸)　売　　上　16,000

振替伝票(借方)	×年6月3日	振替伝票(貸方)	×年6月3日
売　掛　金(東京商事)	80,000	売　　上	80,000

(借)　売 掛 金　80,000　(貸)　売　　上　80,000

⑦

振替伝票(借方)	×年6月3日	振替伝票(貸方)	×年6月3日
備　　品	200,000	未　払　金	200,000

(借)　備　　品　200,000　(貸)　未 払 金　200,000

取引⑤については，いったん全額を掛けで買い入れた後，すぐさま現金を支払ったと考えることもできる。同様に，取引⑥についても，いったん全額を掛けで売り渡した後，すぐさま現金を受け取ったと考えることができる。よって，次のような起票が可能である。

⑤′

振替伝票(借方)	×年6月3日	振替伝票(貸方)	×年6月3日
仕　　入	78,000	買　掛　金(大阪商事)	78,000

(借)　仕　　入　78,000　(貸)　買 掛 金　78,000

出金伝票	×年6月3日
買　掛　金(大阪商事)	8,000

(借)　買 掛 金　8,000　(貸)　現　　金　8,000

⑥′

振替伝票（借方）	×年6月3日
売　掛　金（東京商事）	96,000

振替伝票（貸方）	×年6月3日
売　　上	96,000

（借）売 掛 金　96,000　（貸）売　　上　96,000

入金伝票	×年6月3日
売　掛　金（東京商事）	16,000

（借）現　　金　16,000　（貸）売 掛 金　16,000

2 伝票の集計と合計転記

勘定への転記は伝票から直接行うこともできるが，１日の取引数が多い場合には仕訳日計表を作成し，そこに伝票の内容を集計し，そこから合計額を転記（合計転記という）するほうが便利である。

設例13－2

仕訳日計表を作成し，設例13－1の①～⑦の伝票を集計しなさい。ただし，⑤と⑥については，いったん全額を掛け取引として考える方法により伝票処理が行われている。

仕訳日計表

×年6月3日

勘定科目	借　方	貸　方	
現　　金	100,000	71,000	← 入金伝票②⑥′，出金伝票①⑤′から
売 掛 金	136,000	16,000	← 振替伝票④⑥′，入金伝票⑥′から
備　　品	200,000		← 振替伝票⑦から
買 掛 金	8,000	116,000	← 出金伝票⑤′，振替伝票③⑤′から
未 払 金		200,000	← 振替伝票⑦から
売　　上		220,000	← 入金伝票②，振替伝票④⑥′から
仕　　入	179,000		← 出金伝票①，振替伝票③⑤′から
合　計	623,000	623,000	

設例13－3

設例13－2の仕訳日計表から，総勘定元帳に合計転記をしなさい。

……………………………………………………………………………………………

現　金

（省　略）

6/3　100,000	6/3　71,000

買掛金

（省　略）

6/3　8,000	6/3　116,000

売　上

（省　略）

	6/3　220,000

売掛金

（省　略）

6/3　136,000	6/3　16,000

未払金

（省　略）

	6/3　200,000

仕　入

（省　略）

6/3　179,000	

備　品

（省　略）

6/3　200,000	

3　得意先元帳と仕入先元帳への個別転記

財務諸表（損益計算書と貸借対照表）を作成するだけなら，総勘定元帳の記録だけで十分である。しかし，誰にいくら請求できるのか（売掛金の明細），あるいは，誰にいくら支払わなければいけないのか（買掛金の明細）については，総勘定元帳の記録ではわからない。そこで，第12章で解説したように，掛代金の正確な管理のために，総勘定元帳とは別の帳簿として，得意先元帳（売掛金元帳）と仕入先元帳（買掛金元帳）を設ける。この2つの帳簿への記録は，次の図のように伝票からの個別転記によって行う。

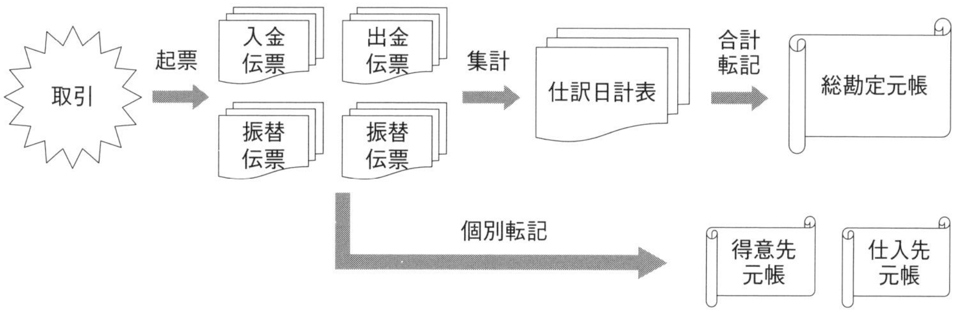

設例13－4

設例13－1の①～⑦の伝票から，得意先元帳および仕入先元帳に個別転記をしなさい。ただし，一部現金取引⑤⑥については，いったん全額を掛け取引として考える方法により起票が行われている。

得意先元帳（売掛金元帳）

東京商事

日付	借方	貸方	残高
6／3	96,000		96,000
〃		16,000	80,000

静岡商事

日付	借方	貸方	残高
6／3	40,000		40,000

仕入先元帳（買掛金元帳）

大阪商事

日付	借方	貸方	残高
6／3		78,000	78,000
〃	8,000		70,000

三重商事

日付	借方	貸方	残高
6／3		38,000	38,000

4　5伝票制

伝票会計には，入金伝票，出金伝票および振替伝票の3つを用いる3伝票制のほかに，仕入伝票と売上伝票を加えた5つの伝票を用いる5伝票制がある。5伝票制の場合に注意を要するのが，現金仕入と現金売上の扱いである。いずれの取引も2つの伝票への記入（仕訳）を要するが，何も考えずに記入すると，1つの取引を二重に仕訳することになってしまう。

二重仕訳になる起票の例（設例13－1の①の取引の場合）

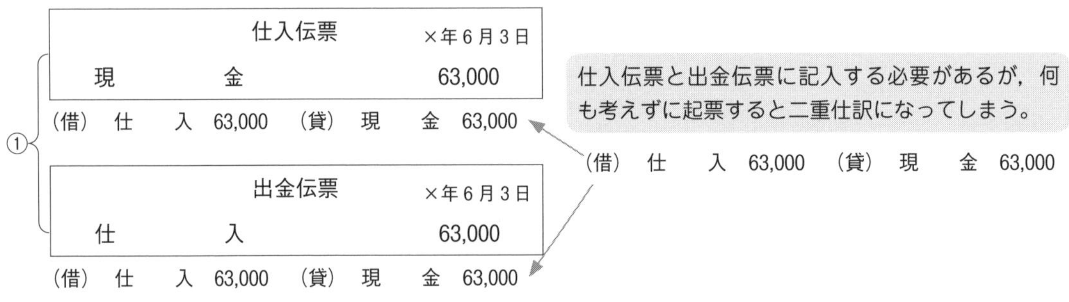

そこで，このような二重仕訳の問題を回避するために，いったん全額を掛取引として考える方法により起票を行う。

設例13－5

設例13－1の取引①～⑦を，5伝票制によって起票しなさい。

①

仕入伝票	×年6月3日
買　掛　金(大阪商事)	63,000

(借)　仕　　入　63,000　(貸)　買 掛 金　63,000

出金伝票	×年6月3日
買　掛　金(大阪商事)	63,000

(借)　買 掛 金　63,000　(貸)　現　　金　63,000

買掛金を相手勘定として取引を分解することで，二重仕訳を回避できる。

(借)　仕　　入　63,000　(貸)　現　　金　63,000

②

売上伝票	×年6月3日
売　掛　金(東京商事)	84,000

(借)　売 掛 金　84,000　(貸)　売　　上　84,000

入金伝票	×年6月3日
売　掛　金(東京商事)	84,000

(借)　現　　金　84,000　(貸)　売 掛 金　84,000

売掛金を相手勘定として取引を分解することで，二重仕訳を回避できる。

(借)　現　　金　84,000　(貸)　売　　上　84,000

③

仕入伝票	×年6月3日
買　掛　金(三重商事)	38,000

(借)　仕　　入　38,000　(貸)　買 掛 金　38,000

④

売上伝票	×年6月3日
売　掛　金(静岡商事)	40,000

(借)　売 掛 金　40,000　(貸)　売　　上　40,000

⑤

仕入伝票	×年6月3日
買　掛　金(大阪商事)	78,000

(借)　仕　　入　78,000　(貸)　買 掛 金　78,000

出金伝票	×年6月3日
買　掛　金(大阪商事)	8,000

(借)　買 掛 金　8,000　(貸)　現　　金　8,000

⑥

売上伝票	×年6月3日
売　　掛　　金(東京商事)	96,000

(借)　売 掛 金　96,000　(貸)　売　　上　96,000

入金伝票	×年6月3日
売　　掛　　金(東京商事)	16,000

(借)　現　　金　16,000　(貸)　売 掛 金　16,000

⑦

振替伝票(借方)	×年6月3日	振替伝票(貸方)	×年6月3日
備　　　品	200,000	未　　払　　金	200,000

(借)　備　　品　200,000　(貸)　未 払 金　200,000

●索　　引●

あ行

か行

さ行

た行

な行

は行

ま行

や行

ら行

■著者紹介

西海　学（にしうみ・さとる）

愛知学院大学経営学部教授　博士（経営学）

2004年　横浜国立大学大学院国際社会科学研究科博士課程後期修了
2004年　福井工業大学工学部専任講師
2007年　愛知学院大学経営学部専任講師
2008年　愛知学院大学経営学部准教授
2014年　University of Victoria（Canada）客員教授
2016年　愛知学院大学経営学部教授

西舘　司（にしだて・つかさ）

愛知学院大学経営学部教授　修士（商学）

2007年　一橋大学大学院商学研究科博士後期課程単位取得後退学
2007年　三重中京大学現代法経学部専任講師
2010年　愛知学院大学経営学部専任講師
2012年　愛知学院大学経営学部准教授
2016年　Friedrich-Alexander Universität Erlangen-Nürnberg（Germany）客員研究員
2021年　愛知学院大学経営学部教授

流れがわかる！　イチから学ぶ初級簿記（第2版）

2017年6月1日　第1版第1刷発行
2020年4月10日　第2版第1刷発行
2023年7月10日　第2版第2刷発行

著　者　西　海　学
　　　　西　舘　司
発行者　山　本　継
発行所　㈱中央経済社
発売元　㈱中央経済グループパブリッシング

〒101-0051　東京都千代田区神田神保町1-35
電話　03（3293）3371（編集代表）
　　　03（3293）3381（営業代表）
https://www.chuokeizai.co.jp
印刷／文唱堂印刷㈱
製本／誠製本㈱

＊頁の「欠落」や「順序違い」などがありましたらお取り替えいたしますので発売元までご送付ください。（送料小社負担）

ISBN978-4-502-34231-8　C3034